“助力乡村振兴，引领质量兴农”系列丛书

水产品质量追溯

实用技术手册

中国农垦经济发展中心 组编
秦福增 韩学军 主编

中国农业出版社
农村设物出版社
北 京

图书在版编目（CIP）数据

水产品质量追溯实用技术手册 / 中国农垦经济发展中心组编；秦福增，韩学军主编．—北京：中国农业出版社，2022.2
（“助力乡村振兴，引领质量兴农”系列丛书）
ISBN 978-7-109-29154-6

Ⅰ.①水… Ⅱ.①中… ②秦… ③韩… Ⅲ.①水产品—质量管理体系—中国—技术手册 Ⅳ.①F326.4-62

中国版本图书馆 CIP 数据核字（2022）第 030162 号

中国农业出版社出版
地址：北京市朝阳区麦子店街 18 号楼
邮编：100125
责任编辑：刘　伟　胡烨芳
版式设计：杜　然　　责任校对：刘丽香
印刷：北京中兴印刷有限公司
版次：2022 年 2 月第 1 版
印次：2022 年 2 月北京第 1 次印刷
发行：新华书店北京发行所
开本：700mm×1000mm　1/16
印张：13.25
字数：230 千字
定价：78.00 元

本书编写人员名单

主　　编：秦福增　韩学军

副 主 编：张　坤

编写人员（按姓氏笔画排序）：

王天硕　刘　阳　许冠堂　张　明

张海珍　陈　杨　陈　曙

前言

中共十九大作出中国特色社会主义进入新时代的科学论断，我国社会主要矛盾已经转化为人民日益增长的美好生活需要和不平衡不充分的发展之间的矛盾，我国经济已由高速增长阶段转向高质量发展阶段。以习近平同志为核心的党中央深刻把握新时代我国经济社会发展的历史性变化，明确提出实施乡村振兴战略，深化农业供给侧结构性改革，走质量兴农之路。只有坚持质量第一、效益优先，推进农业由增产导向转向提质导向，才能不断适应高质量发展的要求，提高农业综合效益和竞争力，实现我国由农业大国向农业强国转变。

21 世纪初，我国开始了对农产品质量安全追溯方式的探索和研究。近十年来，在国家的大力支持和各级部门的推动下，农产品质量安全追溯制度建设取得显著成效，成为近年来保障我国农产品质量安全的一种有效的监管手段。产业发展，标准先行。标准是产业高质量发展的助推器，是产业创新发展的孵化器。《农产品质量安全追溯操作规程》系列标准的发布实施，构建了一套从生产、加工到流通全过程质量安全信息的跟踪管理模式，探索出一条“生产有记录、流向可追踪、信息可查询、质量可追溯”的现代农业发展之路。为推动农业生产经营主体标准化生产，促进农业提质增效和农民增收，加快生产方式转变发挥了积极作用。

“助力乡村振兴，引领质量兴农”系列丛书是对《农产品质量安全追溯操作规程》系列标准的进一步梳理和解读，是贯彻落实乡村振兴战略、切实发挥农垦在质量兴农中的带动引领作用的基本举措，也是贯彻落实农业农村部质量兴农、绿色兴农和品牌强农要求的重要抓手。本系列丛书由中国农垦经济发展中心和中国农业出版社联合推出，对谷物、畜肉、水果、茶叶、蔬菜、小麦粉及面条、水产品等大宗农产品相关农业生产经营主体农产品质量追溯系统建立，以及追溯信息采集及管理等进行全面解读，并辅以追溯相关基础知识和实际操作技术，必将对宣贯农产品质量安全追溯标准、促进农业生产经营主体标准化生产、提高我国农产品质量安全水平发挥积极的推动作用。

本书秉持严谨的科学态度，在遵循《中华人民共和国农产品质量安全法》《中华人民共和国食品安全法》等国家法律法规以及现有相关国家标准的基础上，立足保安全、提质量的要求，着力推动农产品质量安全追溯向前发展。本书共分为两章：第一章为农产品质量安全追溯概述，主要介绍了农产品质量安全追溯的定义，国内外农产品质量安全追溯发展情况，以及农产品质量安全追溯的实施原则、实施要求等；第二章为 NY/T 3204—2018《农产品质量安全追溯操作规程　水产品》的解读，并在内容解读的基础上提供了一些实际操作指导和实例分析，以期对水产品生产经营主体的生产和管理更具指导意义。

限于编者的学识水平，加之时间匆忙，书中不足之处在所难免，恳请各位同行和读者在使用过程中予以指正并提出宝贵意见和建议。

编　者

2021 年 8 月

目录

第一章 农产品质量安全追溯概述

随着工业化以及现代物流业的发展，越来越多的农产品是通过漫长而复杂的供应链到达消费者手中。由于农产品的生产、加工和流通往往涉及位于不同地点和拥有不同技术的生产经营主体，消费者通常很难了解农产品生产、加工和流通的全过程。在农产品对人们健康所造成风险逐渐增加的趋势下，消费者已经逐渐觉醒，希望能够通过一定途径了解农产品生产、加工与流通的全过程，希望加强问题农产品的回收和原因查询等风险管理措施。如何满足消费者最关切的品质、安全卫生以及营养健康等需求，建立和提升消费者对农产品质量安全的信任，对于政府、生产经营主体和社会来说，都显示出日益重要的意义。自 20 世纪 80 年代末以来，全球农产品相关产业和许多国家的政府越来越重视沿着供应链进行追溯的可能性。建立农产品质量安全追溯制度，实现农产品的可追溯性，现在已经成为研究制定农产品质量安全政策的关键因素之一。

第一节 农产品质量安全追溯简介

一、农产品质量安全追溯的定义

从 20 世纪 80 年代末发展至今，农产品质量安全追溯制度在规范生产经营主体生产过程、保障农产品质量安全等方面的作用越来越明显。虽然农产品质量安全追溯制度得到了世界各国的认可与肯定，但至今尚未形成统一的概念。为提高消费者对农产品质量安全追溯的认识，进一步促进农产品质量安全追溯发展，需对农产品质量安全追溯这一术语进行界定。

“可追溯性”是农产品质量安全追溯的基础性要求，在对农产品质量安全追溯进行定义之前，应先厘清“可追溯性”这一基础概念。目前，“可追溯性”定义主要有欧盟、国际食品法典委员会（CAC）和日本农林水产省的定义。

欧盟将“可追溯性”定义为“食品、饲料、畜产品和饲料原料，在生产、加工、流通的所有阶段具有的跟踪追寻其痕迹的能力”。CAC将“可追溯性”定义为“能够追溯食品在生产、加工和流通过程中任何指定阶段的能力”。日本农林水产省的《食品追踪系统指导手册》将“可追溯性”定义为“能够追踪食品由生产、处理、加工、流通及贩售的整个过程的相关信息”。

根据我国《新华字典》解释，追溯的含义是“逆流而上，向江河发源处走，比喻探索事物的由来”，顾名思义，农产品质量安全追溯就是对农产品质量安全信息的回溯。本书编者在修订NY/T 1761—2009《农产品质量安全追溯操作规程 通则》过程中，结合当前我国农产品质量安全追溯工作特点以及欧盟、CAC及日本农林水产省等对“可追溯性”的定义，将农产品质量安全追溯定义为“运用传统纸质记录或现代信息技术手段对农产品生产、加工、流通过程中的质量安全信息进行跟踪管理，对问题农产品回溯责任，界定范围”。

二、国外农产品质量安全追溯的发展

农产品质量安全追溯是欧盟为应对肆虐十年之久的疯牛病建立起来的一种农产品可追溯制度。随着经济的发展和人们生活水平的提高，人民群众对于安全农产品的呼声越来越高、诉求越来越强烈，且购买安全农产品的意愿越来越强。在全球化和市场化的背景下，农产品生产经营分工越来越细，从“农田到餐桌”的链条越来越长，建立追溯制度、保障食品安全不仅是政府的责任、从业者的义务，更是一种产业发展的趋势与要求。从国外农产品质量安全追溯建设情况来看，追溯体系建设主要通过法规法令制定、标准制定和系统开发应用等3个层面进行推进。

（一）国外法规法令制定情况

欧盟、日本、美国等国家和地区通过制定相应法规法令明确规定了生产经营主体在追溯制度建设方面应尽的义务和责任。

1. 欧盟法规法令制定情况

欧盟为应对疯牛病问题，于1997年开始逐步建立农产品可追溯制度。按照欧盟有关食品法规的规定，食品、饲料、供食品制造用的家禽，以及与食品、饲料制造相关的物品，其在生产、加工、流通的各个阶段必须确立这种可追踪系统。该系统对各个阶段的主题作了规定，以保证可以确认以上的各种提供物的来源与方向。可追踪系统能够从生产到销售的各个环节追踪检查产品。2000年，欧盟颁布的《食品安全白皮书》首次把“从田间到餐桌”的全过程管理纳入食品安全体系，明确所有相关生产经营者的责任，并引入危害分析与关键控制点（HACCP）体系，要求农产品生产、加工和销售等所有环节应具有可追溯性。2002年，欧盟颁布的有关食品法规则进一步升级，不仅要求明确相关生产经营者的责任，还规定农产品生产经营主体生产、加工和流通全过程的原辅料及质量相关材料应具有可追溯性，以保证农产品质量安全。同时，该法规规定自2005年1月1日起，在欧盟范围内流通的全部肉类食品均应具有可追溯性，否则不允许进入欧盟市场流通。该法规的实施对农产品生产、流通过程中各关键环节的信息加以有效管理，并通过对这种信息的监控管理来实现预警和追溯，预防和减少问题的出现，一旦出现问题即可迅速追溯至源头。

2. 日本法规法令制定情况

日本紧随欧盟的步伐，于2001年开始实行并推广追溯系统。2003年5月，日本颁布了《食品安全基本法》。该法作为日本确保食品安全的基本法律，树立了全程确保食品安全的理念，提出了综合推进确保食品安全的政策、制定食品供应链各阶段的适当措施、预防食品对国民健康造成不良影响等指导食品安全管理的新方针。在《食品安全基本法》的众议院内阁委员会的附带决议中，提出了根据食品生产、流通的实际情况，从技术、经济角度开展调查研究，推进能够追溯食品生产、流通过程的可追溯制度。2003年6月，日本出台了《关于牛的个体识别信息传递的特别措施法》（又称《牛肉可追溯法》），要求对日本国内饲养的牛安装耳标，使牛的个体识别号码能够在生产、流通、零售各个阶段正确传递，以此保证牛肉的安全和信息透明。2009年，日本又颁布了《关于米谷等交易信息的记录及产地信息传递的法律》（又称《大米可追溯法》），对大米及其加工品实施可追溯制度。

3. 美国法规法令制定情况

2001年“9·11”事件后，美国将农产品质量安全的重视程度上升至国家层面，当年发布的《公共健康安全与生物恐怖应对法》要求输送进入美国境内的生鲜农产品必须具有详尽的生产、加工全过程信息，且必须能在4小时内进行溯源。2004年5月，美国食品和药物管理局（FDA）公布《食品安全跟踪条例》，以制度的形式要求本国所有食品企业和在美国从事食品生产、包装、运输及进口的外国企业建立并保存食品生产、流通的全过程记录，以便实现对其生产食品的安全性进行跟踪与追溯。2009年，为进一步加强质量安全管理，美国国会通过了《食品安全加强法案》，要求一旦农产品、食品出现质量问题，从业者需要在两个工作日内提供完整的原料谱系，对可追溯管理提出了更加明确的要求。

（二）国外技术标准制定情况

在颁布法规法令强制推行农产品质量安全追溯制度的同时，为有效指导追溯体系建设，一些国家政府、国际组织先后制定了多项农产品追溯规范（指南），在实践中发挥了积极作用。

2003 年 4 月 25 日，日本农林水产省发布了《食品可追溯制度指南》，该指南成为指导各企业建立食品可追溯制度的主要参考。2010 年，日本农林水产省对《食品可追溯制度指南》进行修订，采用 CAC 的定义，即“可追溯”被定义为“通过登记的识别码，对商品或行为的历史和使用或位置予以追溯的能力”，进一步明确追溯制度原则性要求。美国、法国、英国、加拿大等国政府参照国际标准，结合本国实际情况，制定了相应技术规范或指南。

国际食品法典委员会（CAC）、国际物品编码协会（GS1）、国际标准化组织（ISO）等有关国际机构利用专业优势、资源优势，积极参与农产品追溯体系技术规范制定，为推动全球农产品质量安全追溯管理发挥了重要作用。CAC 权威解释了可追溯性的基本概念和基本要求；国际物品编码协会（GS1）利用掌控全球贸易项目编码的优势，先后制定了《全球追溯标准》《生鲜产品追溯指南》及牛肉、蔬菜、鱼和水果追溯指南等多项操作指南，其追溯理念、编码规则被欧盟、日本、澳大利亚等多个国家和地区参照使用；2007 年，ISO 制定了 ISO 22005《饲料和食品链的可追溯性　体系设计与实施的通用原则和基本要求》，提出了食品/饲料供应链追溯系统设计的通用原则和基本需求，通过管理体系认证落实到从业者具体活动中。

（三）国外追溯系统开发应用情况

随着信息化的发展，追溯体系必须依靠信息技术承担追溯信息的记录、传递、标识。从欧盟、美国、日本追溯体系具体建设看，农产品追溯系统的开发建设采用政府参与以及与企业自建相结合的模式推进追溯系统应用。法国在牛肉追溯体系建设中，政府负责分配动物个体编码、发放身份证、建立全国肉牛数据库，使法国政府能够精准掌握全国肉牛总量、品种、分布，时间差仅为一周；而肉牛的生产履历由农场主、屠宰厂、流通商按照统一要求自行记录。日本在牛肉制品追溯体系建设中，政府明确动物个体身份编码规则；农林水产省各个下级机构安排专人负责登记；国会拨付资金给相关协会、研究机构，承担全国性信息网络建设、牛肉甄别样品邮寄储存；饲养户、屠宰企业、专卖店自行承担追溯系统建设中信息采集、标签标识等方面的系统建设和标签标识支出，政府不予以补贴。

三、我国农产品质量安全追溯的发展

为提高我国农产品市场竞争力，扩大农产品贸易顺差，满足消费者对农产品质量的要求，我国于2002年开始实施“无公害食品行动计划”。该计划要求“通过健全体系，完善制度，对农产品质量安全实施全过程的监管，有效改善和提高我国农产品质量安全水平”。在一定意义上来说，“无公害食品行动计划”的实施拉开了我国农产品质量安全追溯研究的序幕。经过多年的探索与发展，已基本建立符合我国生产实际的追溯体系以及保障实施的法律法规、规章及标准，为我国农产品发展方向由增产向提质转变夯实基础。

（一）我国法律法规制定情况

2006年，中央1号文件首次提出要建立和完善动物标识及疫病可追溯体系，建立农产品质量可追溯制度，其后每年中央1号文件均反复强调要建立完善农产品质量追溯制度。2006年11月1日，《中华人民共和国农产品质量安全法》（以下简称《农产品质量安全法》）正式颁布施行。在农业生产档案记录方面，该法第二十四条明确规定：“农产品生产企业和农民专业合作经济组织应当建立农产品生产记录，如实记载下列事项：（一）使用农业投入品的名称、来源、用法、用量和使用、停用的日期；（二）动物疫病、植物病虫草害的发生和防治情况；（三）收获、屠宰或者捕捞的日期。农产品生产记录应当保存二年。禁止伪造农产品生产记录。国家鼓励其他农产品生产者建立农产品生产记录。”在农产品包装标识方面，该法第二十八条明确要求：“农产品生产企业、农民专业合作经济组织以及从事农产品收购的单位或者个人销售的农产品，按照规定应当包装或者附加标识的，须经包装或者附加标识后方可销售。包装物或者标识上应当按照规定标明产品的品名、产地、生产者、生产日期、保质期、产品质量等级等内容；使用添加剂的，还应当按照规定标明添加剂的名称。”2009年6月1日，《中华人民共和国食品安全法》（以下简称《食品安全法》）正式施行。该法明确要求国家建立食品召回制度。食品生产企业应当建立食品原料、食品添加剂、食品相关产品进货查验记录制度和食品出厂检验记录制度；食品经营企业应当建立食品进货查验记录制度，如实记录食品的名称、规格、数量、生产批号、保质期、供货者名称及联系方式、进货日期等内容。2015 年 4 月 24 日修订的《食品安全法》明确规定，“食品生产经营者应当依照本法的规定，建立食品安全追溯体系，保证食品可追溯”，我国农产品质量安全追溯上升至国家法律层面。

（二）我国相关部门文件及标准等制定情况

1. 我国相关部门文件制定情况

为配合农产品质量安全追溯相关法律法规的实施，加快推进追溯系统建设，规范追溯系统运行，我国各政府部门制定了农产品监管及质量安全追溯相关的文件。

2001 年 7 月，上海市政府颁布了《上海市食用农产品安全监管暂行办法》，提出了在流通环节建立“市场档案可溯源制”。2002 年，农业部发布第 13 号令《动物免疫标识管理办法》，该办法明确规定猪、牛、羊必须佩带免疫耳标并建立免疫档案管理制度。2003 年，国家质量监督检验检疫总局启动“中国条码推进工程”，并结合我国实际，相继出版了《牛肉产品跟踪与追溯指南》《水果、蔬菜跟踪与追溯指南》，国内部分蔬菜、牛肉产品开始拥有“身份证”。2004 年 5 月，国家质量监督检验检疫总局出台《出境水产品追溯规程（试行）》，要求出口水产品及其原料需按照规定标识。2011 年，商务部发布《关于“十二五”期间加快肉类蔬菜流通追溯体系建设的指导意见》（商秩发〔2011〕376 号），意见要求健全肉类蔬菜流通追溯技术标准，加快建设完善的肉类蔬菜流通追溯体系。2012 年，农业部发布《关于进一步加强农产品质量安全监管工作的意见》（农质发〔2012〕3 号），提出“加快制定农产品质量安全可追溯相关规范，统一农产品产地质量安全合格证明和追溯模式，探索开展农产品质量安全产地追溯管理试点”。为进一步加快建设重要产品信息化追溯体系，2017 年，商务部联合工业和信息化部、农业部等 7 部门联合发布《关于推进重要产品信息化追溯体系建设的指导意见》（商秩发〔2017〕53 号），意见要求以信息化追溯和互通共享为方向，加强统筹规划，健全标准体系，建设覆盖全国、统一开放、先进适用的重要产品追溯体系。2018 年，为落实《国务院办公厅关于加快推进重要产品追溯系统建设的意见》（国办发〔2015〕95 号），农业农村部和商务部分别印发了《农业农村部关于全面推广应用国家农产品质量安全追溯管理信息平台的通知》（农质发〔2018〕9 号）和《重要产品追溯管理平台建设指南（试行）》，旨在促进各追溯平台间互通互联，避免生产经营主体重复建设追溯平台。

2. 我国标准制定情况

为规范追溯信息采集内容，指导生产经营主体建立完善的追溯体系，保障追溯体系有效实施和管理，各行政管理部门以及相关企（事）业单位制定了系列标准。从标准内容来看，主要涉及体系管理、操作规程（规范、指南）等方面。

（1）体系管理类标准　2006 年参照 ISO 22000：2005，我国制定了 GB/T 22000—2006《食品安全管理体系　食品链中各类组织的要求》。2009 年参照 ISO 22005：2007，我国制定了 GB/T 22005—2009《饲料和食品链的可追溯性体系设计与实施的通用原则和基本要求》，追溯标准初步与国际接轨。2010 年，我国制定了 GB/Z 25008—2010《饲料和食品链的可追溯性　体系设计与实施指南》。此外，以 GB/T 22005—2009 和 GB/Z 25008—2010 为基础，国家质量监督检验检疫总局制定并发布了部分产品的追溯要求，如 GB/T 29373—2012《农产品追溯要求　果蔬》、GB/T 29568—2013《农产品追溯要求　水产品》、GB/T 33915—2017《农产品追溯要求　茶叶》。

（2）操作规程（规范、指南）类标准　2009 年，农业部发布了 NY/T 1761—2009《农产品质量安全追溯操作规程　通则》，并制定了谷物、水果、茶叶、畜肉、蔬菜、小麦粉及面条和水产品 7 项农产品质量安全操作规程的农业行业标准。此外，农业部还制定了养殖水产品可追溯标签、编码、信息采集等水产行业标准。商务部制定了肉类蔬菜追溯城市管理平台技术、批发自助交易终端、手持读写终端规范以及瓶装酒追溯与防伪查询服务、读写器技术、标签要求等国内贸易规范。中国科技产业化促进会发布了畜类和禽类产品追溯体系应用指南团体标准。

（3）其他标准　例如，为促进各追溯系统间数据互联共享，农业部制定了 NY/T 2531—2013《农产品质量追溯信息交换接口规范》；为规范农产品追溯编码、促进国际贸易，农业部制定了 NY/T 1431—2007《农产品追溯编码导则》等。

（三）我国农产品质量安全追溯系统开发应用情况

2008 年之前，我国农产品质量安全追溯系统还基本处于空白状态，可追溯管理要求主要通过完善生产档案记录来实现。2008 年之后，随着各级政府部门的大力推动，追溯管理理念逐步得到从业者认可，开发设计了形式多样、各具特点的追溯系统，追溯制度建设呈现出快速发展趋势。我国政府牵头组织运行的追溯平台包括中国产品质量电子监管网、国家发改委重点食品物联网追溯系统、国家食品安全追溯平台、商务部肉菜流通及中药材追溯系统、农产品质量追溯系统、农垦农产品质量安全追溯系统、工信部食品工业企业质量安全追溯平台等，支持网站、短信、电话、二维码、商超内部电子机器等多种形式查询。

我国的食品质量安全追溯试点工作从 2000 年开始实践，其中肉类蔬菜农产品的质量安全最先成为试点追溯对象。财政部、商务部于 2010年确定了上海等 10 个城市为第一批试点城市，2011 年确定了第二批 10 个试点城市。上海于 2001 年率先提出了建立在食品流通环节“市场档案可溯源制”食品质量安全追溯体系，并于 2013 年底最终建成，是我国落实和推行追溯制度较早的城市之一。北京市于 2003 年开始着力构建现代化保障体系，涵盖 45 类食品之多，设定质量安全目标并实施专项整治；2008 年，以保障奥运食品药品安全为契机进行进一步强化；2017 年，提出“技术创新计划”。青岛市作为首批试点城市之一，创新性推出“一六三”追溯体系，统一信息追溯平台，实施远程监控和质量检验等措施保障食品质量，并分不同流通领域进行管理。此外，江苏省、四川省、福建省、湖南省等地相继推出本地追溯体系。

四、实施农产品质量安全追溯的意义

实施农产品质量安全追溯，对于农产品质量监测、认证体系建设、贸易促进等方面具有积极的推动作用，具体表现在以下 5 个方面：

1. 有利于提高企业竞争力，保护生产经营主体的合法权益和积极性

在市场经济的框架下，部分企业为追求不正当利益，食品掺杂使假情况层出不穷；许多企业用心生产的合格产品被其他商家仿冒，企业每年花费在品牌形象维权上的成本占比很大，不仅造成了企业资源的浪费，还极大地挫伤了企业研发优质产品的积极性。通过建立农产品质量安全追溯系统，使得农产品生产到销售全过程透明面对社会，使得制假造假的商家无从下手，保障了生产经营主体的合法权益。

2. 有利于农产品质量问题原因的查找，降低生产经营主体损失

追溯体系可以起到对农产品安全“确责”与“召回”的作用，根据追溯信息，明确农产品安全责任的归属，确定负责人；明确不合格产品的批次，实现快速、准确召回。当农产品发生质量问题时，根据农产品生产、加工过程中原料来源、生产环境（包括水、土、大气）、生产过程（包括农事活动、加工工艺及其条件）以及包装、储存和运输等信息记录，从发现问题端向产业链源头回溯，逐一分析及排查，直至查明原因，有利于减少农业生产经营主体的经济损失。

3. 有利于认证体系的建设和实施，提高企业质量管理水平

目前，我国认证体系主要有企业认证和产品认证两类。其中，企业认证主要是规范生产过程，包括 ISO 系列的 ISO 9000、ISO 14000 等，危害分析与关键控制点（HACCP）、良好生产规范（GMP）和良好农业规程（GAP）等；产品认证不仅对生产过程进行规范，还对产品标准具有一定要求，包括有机食品、绿色食品和地理标志产品等。农产品质量安全追溯体系是对生产环境、生产、加工和流通全过程质量安全信息的跟踪和管理，这些内容也正是企业认证和产品认证的基础条件，从而保障了生产经营主体认证体系的建设和实施。

4. 保障消费者（采购商）知情权，提升消费者的信心

农产品质量安全追溯信息覆盖整个产业链，所有质量信息均可通过一定渠道或媒介向消费者或采购商提供。消费者或采购商可通过知晓的全过程质量追溯信息，满足了消费者（采购商）的知情权，提高了消费者（采购商）的信心和购买意愿。

5. 有利于提升产品质量安全水平，增强竞争力

在农产品质量安全事件频发的今天，各国对于农产品质量的要求越来越高，对于农产品的准入也越来越严格。目前，欧盟、美国和日本均对进口农产品的可追溯性作出了一定要求。对于我国一个农产品生产大国来说，实施农产品质量安全追溯势在必行。产品生产各环节的重要信息可传递、可查询、可追责，强化各环节责任主体对于产品质量安全的责任意识，确保生产制造产品质量达标，切实提高中国农产品在国际市场的竞争力。

第二节 农产品质量安全追溯操作规程

在解读 NY/T 3204—2018《农产品质量安全追溯操作规程 水产品》前，应首先明确何谓标准及其中的一个类型——操作规程。

一、标 准

（一）标准的定义

标准是规范农业生产的重要依据，农业生产标准化已成为我国农业发展的重要目标之一。为保障农产品质量安全，我国不断加强法治建设，涉及农业生产的法律法规主要有《食品安全法》《农产品质量安全法》《农药管理条例》《兽药管理条例》等。

标准属于技术文件范畴，对法律、法规起到支撑作用。标准的定义是“为在一定范围内获得最佳秩序，经协商一致制定并由公认机构批准，共同使用的和重复使用的一种规范性文件”。只有对以上定义有充分认识，才能正确解读标准。现分别解释如下：

1. “为在一定范围内获得最佳秩序”

“为在一定范围内获得最佳秩序”是标准制修订的目的。“最佳秩序”是各行各业进行有序活动、获得最佳效果的必要条件。因此，标准化生产是农业生产的必然趋势。依据辩证唯物主义观点，“最佳秩序”是目标，是有时间性的。某个时期制定的标准达到那个时期的最佳秩序，但以后发生客观情况的变化或主观认知程度的提高，已制定的标准不能达到最佳秩序时，就应对该标准进行修订，以便达到最佳秩序。因此，在人类生产历史中，最佳秩序的内涵不断丰富，人类通过修订标准逐渐逼近最佳秩序。例如，NY/T 3204—2018《农产品质量安全追溯操作规程　水产品》发布于2018年，该标准可规范水产品生产的质量安全追溯，达到当时认知水平下的最佳秩序，并在发布后的若干年内，客观情况变化或主观认知水平上尚未认识到需要修改该标准。但随着社会的发展以及技术的更新，当标准中的某些内容不适用时，就需对该标准进行修订，以达到新形势下的最佳秩序。

“在一定范围内”说明标准适用范围，如国家标准适用于全国，行业标准适用于本行业。但行业标准的适用范围往往与国家标准一致，如农业行业标准适用于全国农业系统及农产品加工领域。每个标准都明确规定了适用范围，超出该范围就不适用了。NY/T 3204—2018《农产品质量安全追溯操作规程　水产品》是规程类标准，其适用范围是水产品的质量安全追溯。

（1）《农产品质量安全追溯操作规程　水产品》超范围使用标准情况

① 用于质量安全追溯的其他认证。例如，用于危害分析与关键控制点（HACCP）认证。尽管该规程在危害分析方面与HACCP有共同之处，但尚有危害分析的不同之处。该规程的其他内容与HACCP均不相同。因此，水产品生产经营主体不能将该规程用于HACCP认证。反之亦然，HACCP条文不能用于质量安全追溯。HACCP中关键控制点的设置原则尽量少，可设可不设的则不设。而质量追溯操作规程在执行中设置关键控制点时，可设可不设的则必须设；凡是影响农产品某一质量安全项目的所有工艺段都设。例如，水产品的重金属可能发生在养殖环节（渔业用水），也可能发生在清洗环节（加工用水）。因此，养殖环节和清洗环节都

设为关键控制点。

② 用于水产品以外产品。《农产品质量安全追溯操作规程　水产品》适用于水产品，包括鲜活、冰鲜及冷冻水产品（原条、三去、背开或腹开、切块或切段）；不适用于水产加工品，如干制水产品（烤鱼片、鱿鱼丝）、盐渍水产品（盐渍海蜇头、盐渍鱼）、鱼糜制品（即食鱼丸、蟹棒）、水产调味品（蚝油、虾酱）、水生动物油脂及制品（鱼油、多烯鱼油制品）、风味鱼制品（鱼松）、生食水产品（醉虾）、水产深加工品（海龙提取液）。每个标准的使用范围都有明确规定，农业生产经营主体都应正确使用标准，对于不同类型的标准都应严格执行其适用范围。

（2）国家限量标准超范围使用　例如，当加工生产冷冻虾仁类产品时，应用 GB/T 2760—2014《食品安全国家标准　食品添加剂使用标准》时，不能发生以下两类超范围使用。

① 品种超范围。为保持水产品的鲜度和口感，使用 GB/T 2760—2014《食品安全国家标准　食品添加剂使用标准》规定不应使用的丙酸。

② 使用量超范围。为保持水产品的鲜度和口感，使用 GB/T 2760—2014《食品安全国家标准　食品添加剂使用标准》规定的允许使用的磷酸，但生产冷冻虾仁超过规定的最大使用量 5.0 g/kg。

（3）分析方法标准应选用适用标准　样品中各指标测定方法应选择适用的国家标准或行业标准。若存在多个现行有效的国家标准或行业标准，则应选择最能适用于样品的分析方法。例如，贝类中腹泻性贝类毒素的测定，不能选用 DB33/T 743—2009《水产品中腹泻性贝类毒素残留量的测定　液相色谱-串联质谱法》，而应选用 GB 5009.212—2016《食品安全国家标准　贝类中腹泻性贝类毒素的测定》。

2. "经协商一致制定"

"经协商一致制定"是标准制修订程序之一，是针对标准制修订单位的要求。标准和生产分别属于上层建筑和经济基础范畴，标准依据生产，又服务于生产。因此，制修订的标准既不可比当时生产水平低，拖生产后腿；又不可远超过当时生产水平，高不可及。标准制修订单位需要与生产部门、管理部门、科研院所和大专院校广泛交流，标准各项内容应协商一致，以便确保标准的先进性和可操作性，使标准的实施对生产起到应有的促进作用。

3. "由公认机构批准"

"由公认机构批准"是标准制修订程序之一。公认机构是指标准化管理机构，如国家标准化管理委员会。就我国而言，政府主导制定的标准分为强制性国家标准、推荐性国家标准、推荐性行业标准、推荐性地方标准，均须经过国家标准化管理委员会批准、备案后方可实施。就国际上而言，这种公认机构除政府部门外，还有联合国下属机构，如国际标准化组织（ISO）、联合国食品法典委员会（CAC）等；或者国际行业协会，如国际乳品联合会（IDF）等。只有公认机构批准发布的标准才是有效的。

4. “共同使用的和重复使用的”

标准的使用者是标准适用范围内的合法单位。例如，所有我国合法经营的水产品生产企业均可使用 NY/T 3204—2018《农产品质量安全追溯操作规程　水产品》。该标准也适用于所有我国合法经营水产品的其他生产经营主体，如专业合作社、养殖大户等。该标准还可供水产品生产经营主体共同使用，且在修订或作废之前是被重复使用的。除水产品生产经营主体外，协助、督导、监管水产品生产经营主体质量安全追溯工作的单位，如农业农村部和各地方管理部门、有关质量安全追溯监管机构也可应用该标准，帮助水产品生产经营主体更好实施该标准。

5. “规范性文件”

“规范性文件”表明标准是用以详述法律和法规内容，具有法规性质，但它不是法规，而是属于法规范畴，是要求强制执行或推荐执行的规范性文件。

（二）标准的性质

就标准性质而言，标准分为强制性标准和推荐性标准，表示形式分别为标准代号中不带“/T”和带“/T”，如《农产品质量安全追溯操作规程　水产品》是推荐性标准，其标准代号为 NY/T 3204—2018。推荐性标准是非强制执行的标准，但当没有其他标准可执行时，就必须按该标准执行。

（三）标准的分级

我国标准分为国家标准、行业标准、地方标准、团体标准和企业标准，由其名称可知其适用范围。级别最高的是国家标准，最低的是企业标准。同一标准若发布了国家标准，则比其级别低的其他标准自行作废。国家鼓励具有法人资格，且具备相应专业技术能力、标准化工作能力和组织管理能力的学会、协会、商会、联合会和产业技术联盟等社会团体制定团体标准，鼓励企业制定企业标准，但其内容要求应严于国家标准，且在团体和企业内部执行。

（四）标准的分类

从标准的应用角度，可将标准分为以下 6 种主要类型。

1. 限量标准

规定某类或某种物质在产品中限量使用的规范性文件，如 GB 2760—2014《食品安全国家标准　食品添加剂使用标准》。

2. 产品标准

规定某类或某种产品的属性、要求以及确认的规则和方法的规范性文件，如 NY/T 2975—2016《绿色食品　头足类水产品》。

3. 方法标准

规定某种检验的原理、步骤和结果要求的规范性文件，如 GB 5009.3—2016《食品安全国家标准　食品中水分的测定》。

4. 指南

规定某主题的一般性、原则性、方向性的信息、指导或建议的规范性文件，如 GB/T 14257—2009《商品条码　条码符号放置指南》。

5. 规范

规定产品、过程或服务需要满足的要求的规范性文件，如 GB 20941—2016《食品安全国家标准　水产制品生产卫生规范》。

6. 规程

规定为设备、构件或产品的设计、制造、安装、维护或使用而推荐惯例或程序的规范性文件，如 NY/T 3204—2018《农产品质量安全追溯操作规程　水产品》。

二、操作规程

操作规程是标准中最普遍的一种，它规定了操作的程序。NY/T 3204—2018《农产品质量安全追溯操作规程　水产品》规定水产品生产经营主体实施质量安全追溯的程序以及实施这些程序的方法，其以章的形式叙述以下 11 个方面内容。

（一）范围

范围包括两层含义：一是该标准包含的内容范围，即术语和定义、要求、追溯码编码、追溯精度、信息采集、信息管理、追溯标识、体系运行自查和质量安全问题处置；二是该标准规定的适用范围，即鱼、虾、蟹、贝等水产品的质量安全追溯。

（二）规范性引用文件

列出的被引用文件经过标准条文的引用后，成为标准应用时必不可少的文件。文件清单中不注明日期的标准表示其最新版本（包括所有的修改单）适用于本标准。在 NY/T 3204—2018《农产品质量安全追溯操作规程　水产品》中引用了 GB/T 22213《水产养殖术语》、GB/T 29568《农产品追溯要求　水产品》、NY/T 755《绿色食品　渔药使用准则》和 NY/T 1761《农产品质量安全追溯操作规程　通则》，没有发布年号，其含义是引用现行有效的最新版本标准。

（三）术语和定义

所用术语和定义与 GB/T 22213、NY/T 755 和 NY/T 1761 相同。因此，不必在本标准中重复列出，只需引用 GB/T 22213、NY/T 755、NY/T 1761 的术语和定义即可。而 NY/T 1761 的术语和定义共有 11 条，其中列出 8 条；引用 NY/T 1431《农产品产地编码规则》中 3 条术语和定义；引用 GB/T 22213 中 17 条术语和定义；引用 NY/T 755 中 6 条术语和定义。

（四）要求

在规定水产品生产经营主体实施质量安全追溯程序以及实施方法之前，应先明确实施的必备条件，只有具备条件后才能实施操作规程。这些条件主要包括追溯目标、机构或人员、设备和软件、管理制度等内容。

（五）追溯码编码

编码方法是实施操作规程的具体程序和方法之一，此部分内容叙述整个产业链各个环节的编码方法。不同水产品生产经营主体产业链不同，编码方法也不尽相同。例如，养殖类的农业生产经营主体需从养殖环节开始编码，而水产品加工经营主体则需包括加工、生产环节的编码。

（六）追溯精度

追溯精度是界定最小农产品质量安全责任的单位，追溯精度的确定关系到产品质量安全的影响范围。此部分内容叙述整个产业链中在养殖、加工环节如何确定追溯精度。不同水产品生产经营主体产业链不同，追溯精度也不尽相同。

（七）信息采集

信息采集是实施操作规程的具体程序和方法之一，此部分内容叙述整个产业链中各个环节的信息采集要求和内容。

（八）信息管理

信息管理是实施操作规程的具体程序和方法之一，此部分内容叙述信息采集后的存储、传输和查询。

（九）追溯标识

追溯标识是实施操作规程后，在产品上体现追溯的表示方法。

（十）体系运行自查

体系运行自查是实施操作规程后，自行检查所用程序和方法是否达到预期效果；若须完善，则应采取改进措施。

（十一）质量安全问题处置

质量安全问题处置是实施操作规程后，一旦发生质量安全问题，应采取的处置方法，作为对实施操作规程的具体程序和方法的补充。

整个操作规程的内容除（一）外，（二）、（三）、（四）是必要条件，（五）、（六）、（七）、（八）是实施的程序和方法，（九）、（十）、（十一）是实施后的体现和检查处理。由此组成一个完整的操作规程。

第三节　农产品质量安全追溯实施原则

农产品质量安全追溯的实施原则是指导农产品质量安全追溯操作规程制修订的前提条件，也是保证农产品质量安全追溯规范、顺利进行的根本。这些原则体现在该标准的制修订和执行之中。

一、合法性原则

进入 21 世纪以来，随着农产品外部市场竞争的加剧以及内部市场需求的增长，我国对农产品质量安全的重视程度上升到了一个新的高度，已经从法律、法规等层面作出相应要求。《食品安全法》《农产品质量安全法》《国务院办公厅关于加快推进重要产品追溯体系建设的意见》《农业农村部关于加快推进农产品质量安全追溯体系建设的意见》《商务部　工业和信息化部　公安部　农业部　质检总局　安全监管总局　食品药品监管总局关于推进重要产品信息化追溯体系建设的指导意见》《农业农村部关于全面推广应用国家农产品质量安全追溯管理信息平台的通知》《关于农产品质量安全追溯与农业农村重大创建认定、农产品优质品牌推选、农产品认证、农业展会等工作挂钩的意见》等法律、法规以及相关部门文件都提出建立农产品质量安全追溯制度的要求。

农产品质量安全追溯的实施过程还应依据以下相关标准：

（一）条码编制

编制条码应依据 GB/T 12905—2019《条码术语》、GB/T 7027—2002《信息分类和编码的基本原则与方法》、GB 12904—2008《商品条码　零售商品编码与条码表示》、GB/T 16986—2018《商品条码　应用标识符》等标准。具体到农产品，编制条码时还应依据 NY/T 1431—2007《农产品追溯编码导则》和 NY/T 1430—2007《农产品产地编码规则》等标准。

（二）二维码编制

编制二维码应依据 GB/T 33993—2017《商品二维码》。

二、完整性原则

该原则主要是追溯信息的完整性要求，体现在以下 2 个方面。

（一）过程完整性

追溯信息应覆盖水产品生产、加工、流通全过程。追溯产品为鲜活水产品时，包括养殖管理、捕捞、销售过程的信息。追溯产品为冷冻水产品时，除以上过程外，还应增加收购、加工、包装、储存、销售过程的信息。

（二）信息完整性

信息内容应包括所有涉及质量安全、责任主体、可追溯性 3 个方面的信息。

1. 各环节涉及的质量安全信息

追溯信息应覆盖生产、加工、流通全过程，同时还应与当前国家标准或行业标准相适应。

养殖环节追溯信息主要包括基地环境、渔药和饲料等的信息。其中，基地环境条件包括渔业水质、底泥、大气环境等，应记录取样地点、时间、检测机构和监测时间等信息；渔药使用记录内容应依据《兽药管理条例》2020 版第三十八条规定：兽药使用单位，应当遵守国务院兽医行政管理部门制定的兽药安全使用规定，并建立用药记录。记录渔药的通用名及商品名称、来源［包括供应商和生产厂商名称、产品批准文号（进口兽药注册证号)、生产许可证号、GMP 证书号、产品批号、生产日期]、适应证或者功能主治、成分及其含量、规格、有效期、用法、用量、休药期、禁忌等信息；饲料使用记录内容应依据《饲料和饲料添加剂管理条例》2017 版第二十五条：养殖者应当按照产品使用说明和注意事项使用饲料。记录饲料的产品名称、来源（包括供应商和生产厂商名称、生产许可证号、产品批准文号、产品标准号、生产日期、保质期)、投饲量、投饲池塘或网箱、投饲时间等。饲料中加入药物饲料添加剂的，还需记录其通用名称、含量和休药期。

加工环节，应包括冷冻温度、加工用水、产品检验、包装、储运和销售等信息。

2. 涉及责任主体的信息

责任主体信息主要包括各环节操作时间、地点和责任人等。对于渔药、饲料购买和使用应记录品名（通用名）生产厂商、生产许可证号、产品批准文号、产品批号、生产日期、休药期、时间、使用池塘或网箱、使用量和责任人等。对于加工环节，应记录加工时间、生产线名称、加工量、责任人等。

3. 可追溯性信息

可追溯性信息是上、下环节信息记录中有唯一性的对接内容，以保证实施可追溯。例如，渔药购买记录和渔药使用记录上均有渔药名称、生产厂商、批次号（或生产日期)；或用代码衔接，以确保所用渔药只能是某厂商生产的某批次渔药。纸质记录的可追溯性保证了电子信息的可追溯性。

三、对应性原则

除记录信息的可追溯性外，还应在农产品质量安全追溯的实施过程中确保农产品质量安全追溯信息与产品的唯一对应。为此，应做到以下要求。

（一）各环节和单元进行代码化管理

各环节或单元的名称宜进行代码化管理，以便电子信息录入设备识别和信息传输。进行代码化管理时宜采用数字码，编制时应通盘考虑，既简单明了、容易识别，又不易混淆。

（二）纸质记录真实反映生产过程和产品性质

纸质记录内容仅反映生产过程和产品性质中与质量安全有关的内容，

与此无关的农事活动和经营内容不应列入。

若水产品生产经营主体的纸质记录除了质量安全追溯内容外，还有其他体系认证、产品认证或经营管理需记录，则不必制作多套表格，可以制作一套表格，在其栏目上标注不同符号，如星形符号（*）、三角形符号（△）等，以表示以上不同类型用途的记录内容。纸质记录被录入追溯系统时，录入人员仅录入带有质量安全追溯符号的栏目内容即可。

（三）纸质记录和电子信息唯一对应

纸质记录与电子信息必须唯一性对应。要求电子信息录入人员收到纸质记录后需要做以下程序性工作：

1. 审核纸质记录的准确性、规范性

纸质记录是否有不准确之处，如渔药未使用通用名、渔药的使用量未使用法定计量单位标注、未明确休药期等；纸质记录的填写是否有不规范之处，如有涂改、空项等，发现后录入人员不得自行修改，应退回有关部门或人员修改。缺项的由制表人员修改表格，如渔药生产企业的生产许可证号或批准文号、产品批号（或生产日期）等。若表格的栏目齐全，填写有误，则退回给填写人员，让其修改或重新填写。

2. 纸质记录准确录入电子设备

完成纸质记录审核后，信息录入人员应将纸质记录准确无误地录入追溯系统。同时，应有相关措施保障电子信息不篡改、不丢失。为此，应采取以下措施：

① 用于质量安全追溯的计算机等电子信息录入设备不允许兼用于其他经营管理。

② 录入人员设有权限，设置有个人登录密码。

③ 计算机等电子信息录入设备有杀毒软件，以免受到攻击。

④ 有外接设备定期备份、专用备份，如硬盘、光盘。

3. 核实录入内容

纸质记录录入后，信息录入人员应对录入内容与纸质记录的一致性进行核实；若不一致，则进行修改。

四、高效性原则

随着信息化的发展，运用现代信息技术对农产品从生产到消费实行全程可追溯管理。这既是农业信息化发展的重要趋势，也是新时期加强农产品质量安全管理的必然要求。从信息化角度分析，建立农产品质量安全追溯制度的本质要求就是综合运用计算机技术、网络技术、通信技术、编码技术、数字标识技术、传感技术、地理信息技术等现代信息技术对农产品生产、流通、消费等各个环节实行标识管理，记录农产品质量安全相关信息、生产者信息，以此形成顺向可追、逆向可溯的精细化质量管控系统，建立高效、精确、快捷的农产品质量安全追溯体系，全面提升农产品质量安全管控能力。

第四节　农产品质量安全追溯实施要求

为加深农业生产经营主体对农产品质量安全追溯的认识与理解，保障追溯体系顺利建设与实施，切实发挥农产品质量安全追溯在保质量、促安全等方面的作用，农业生产经营主体建设追溯体系之前，应先做好以下4个方面的准备工作。

一、制订农产品质量安全追溯实施计划

农业生产经营主体在建立追溯体系前应制订详尽的实施计划。实施计划主要包括以下内容：

（一）追溯产品

农业生产经营主体生产的全部产品都可实施农产品质量安全追溯时，则全部产品作为追溯产品。若有部分产品无法实施追溯，则不应将该部分产品列入追溯产品。例如，水产品生产的农民专业合作社的部分水产品是本合作社养殖，部分是收购周边养殖户，对养殖户没有养殖过程要求，或即使有要求但无法控制其生产全过程，则这部分收购的水产品不列入追溯产品；水产品加工企业生产的水产品制品，部分是本企业加工生产，部分是委托本地或外地加工企业代工生产，且被委托的加工企业尚不具备可追溯条件，则尽管产品是同一品牌，也不能将被委托企业生产的产品列为追溯产品。

（二）追溯规模

估计追溯产品的年产量。确定追溯规模的依据是生产经营主体在正常环境和经营条件下的生产能力，不考虑不可抗力的发生，如极端天气等。

（三）追溯精度

追溯精度应合理确定，不应过细或过粗。水产品生产经营主体若能对养殖、生产等进行统一管理和信息采集，则追溯精度可以细化到池塘或工

厂化车间，但追溯精度太细会增加追溯信息采集的工作量。若生产经营主体的追溯精度过粗，也不合适，如水产养殖场不能对养殖、生产等进行统一管理和信息采集，追溯精度不能细分到池塘或工厂化车间，而是设置为养殖场且不能再细分，则失去了追溯的意义。

（四）追溯深度

追溯深度依据追溯产品的销售情况进行确定。水产品加工企业有直销店，则追溯深度为零售商；若无直销店，则追溯深度为批发商；若兼有直销店和批发商，或无法界定销售对象的销售方式，则追溯深度可定为初级分销商。

（五）实施内容

实施内容的全面性是保障追溯工作有效完成的基础，应包括满足农产品质量安全追溯工作要求的所有内容，如制度建设、追溯设备的购置、追溯标签的制作与使用、追溯工作要求与信息系统操作的培训等。

（六）实施进度

实施进度的制订可以确保农业生产经营主体高效完成追溯体系建设，避免追溯体系建设进度缓慢等问题。制订实施进度时，应充分考虑自身发展情况，结合现有基础，列出所有实施内容的完成期限以及相关责任主体。

二、配置必要的计算机网络设备、标签打印设备、条码读写设备等硬件及相关软件

采用信息化管理的生产经营主体应配置数量合适的计算机等电子信息设备。追溯系统建设前应先根据生产过程确定追溯精度，养殖环节中每个精度应有一个信息采集点。例如，追溯精度为养殖户，则每个养殖户为信息采集点；若养殖户组（内含若干养殖户）为追溯精度，则养殖户组为信息采集点。在加工环节中，每条生产线为一个信息采集点；另外，承担原料、中间产品、终产品检验的实验室设立一个信息采集点；成品包装、储存、运输为一个信息采集点；销售为一个信息采集点。由信息采集点决定所用计算机等电子信息设备数量。若每个信息采集点各自采集或录入信息，则所用计算机等电子信息设备数量与信息采集点数量一致；若每个信息采集点采集或录入信息后，则仅需套计算机等电子信息录入设备。

应配置标签打印、条码读写等专用设备。专用设备配置数量由农业生

产经营主体所需标签打印数量确定。如果产品采用工业化生产线进行生产，或者追溯产品包装不适合粘贴纸质标签，应配置喷码、激光打印等专用设备。

配置的软件系统应涵盖所有可能影响产品质量安全的环节，确保采集的信息覆盖生产、加工、流通全过程的各个信息采集点，且满足追溯精度和追溯深度的要求。

三、建立农产品质量安全追溯制度

农业生产经营主体应依据自身追溯工作特点和要求，制定产品质量安全追溯工作规范、信息采集和系统运行规范、质量安全问题处置规范（产品质量安全事件应急预案）等制度以及与其配套的相关制度或文件（如产品质量控制方案），且应覆盖追溯体系建设、实施与管理的所有内容。

（一）产品质量安全追溯工作规范

产品质量安全追溯工作规范内容主要包括：一是制定目的、原则和适用范围；二是开展追溯工作的组织机构、人员与职责，以及保障追溯工作持续稳定进行的措施；三是实施方案以及工作计划的制订、实施；四是制度建设的原则和程序；五是相关人员培训计划、实施；六是质量安全追溯体系自查；七是产品质量安全事件的处置。

（二）信息采集及系统运行规范

信息采集及系统运行规范内容主要包括：一是追溯码的组成、代码段的含义及长度；二是信息采集点的设置；三是纸质记录内容的设计、填写和上传；四是电子信息的录入、审核、传输、上报；五是电子设备的安全维护要求和记录；六是系统运行的维护和应急处置；七是追溯标签的管理。

（三）产品质量安全事件应急预案

产品质量安全事件应急预案内容主要包括：一是编制目的、原则和适用范围；二是应急体系的组织机构和职责；三是应急程序；四是后续处理；五是应急演练及总结。

（四）产品质量控制方案

产品质量控制方案内容主要包括：一是编制目的、依据、方法以及适用范围；二是组织机构和职责；三是关键控制点的设置；四是质量控制目标（临界值）和检验方法的确定；五是控制措施、监测、纠偏、验证和记录等。

四、指定部门或人员负责各环节的组织、实施和监控

具备一定规模的农业生产经营主体宜成立相关机构（质量安全追溯领导小组）或指定专门人员负责组织、统筹、管理追溯工作，并将追溯工作的全部内容分解到各部门或人员，明确其职责，做到既不重复又不遗漏。一旦发生问题，可依据职责找到相关责任人，避免相互推诿扯皮，便于问题查找以及工作改进。例如，生产记录表格的设计、制订、填写、录入或归档出现问题，可根据人员分工跟踪到直接责任人，并进行工作改进。

第二章 《农产品质量安全追溯操作规程　水产品》解读

第一节　范　围

【标准原文】

1　范围

本标准规定了水产品质量安全追溯术语和定义、要求、追溯码编码、追溯精度、信息采集、信息管理、追溯标识、体系运行自查和质量安全问题处置。

本标准适用于水产品质量安全追溯操作和管理。

【内容解读】

1. 本标准规定内容

本标准规定的所有内容将在以下各节进行解读。

2. 本标准适用范围

本标准适用于水产品，包括鲜活、冰鲜及冷冻水产品（原条、三去、背开或腹开、切块或切段）建立质量追溯系统及实际操作过程中的所有要求。

3. 本标准不适用范围

本标准不适用于水产加工品，如干制水产品（烤鱼片、鱿鱼丝）、盐渍水产品（盐渍海蜇头、盐渍鱼）、鱼糜制品（即食鱼丸、蟹棒）、水产调味品（蚝油、虾酱）、水生动物油脂及制品（鱼油、多烯鱼油制品）、风味鱼制品（鱼松）、生食水产品（醉虾）、水产深加工品（海龙提取液）。

第二节　术语和定义

【标准原文】

3　术语和定义

GB/T 22213、NY/T 755 和 NY/T 1761 界定的术语和定义适用于本

文件。

【内容解读】

1. GB/T 22213 确定的术语和定义

本标准引用 GB/T 22213—2008《水产养殖术语》的术语和定义有以下 16 条：

（1）水产养殖（aquaculture） 利用各种水域以各种方式进行水生经济动植物养殖和种植的生产活动。

（2）海水养殖（marine aquaculture；mariculture） 利用海水以各种方式进行海洋水生经济动植物养殖的生产方式。

（3）半咸水养殖（brackish water aquaculture） 在盐度 0.5～16 的咸淡水水域进行水生经济动植物养殖的生产方式。

（4）淡水养殖（freshwater aquaculture） 利用淡水进行水生经济动植物养殖的生产方式。

（5）滩涂养殖（intertidal mudflat culture） 在潮间带滩涂上养殖水生经济动植物的生产方式。

（6）浅海养殖（shallow sea culture） 在潮下带至 15 m 等深线以内海域进行养殖水生经济动植物的生产方式。

（7）港［塭］养［殖］（marine pond extensive culture） 在沿海港汊或河口地带，通过筑堤、拦网、蓄水、纳苗等措施进行水生经济动植物养殖的生产方式。

（8）筏式养殖（raft culture） 在海洋水域中设置浮动筏架，其上挂养海洋经济动植物养殖的生产方式。

（9）网围养殖（net pen culture） 在湖泊、水库、浅海等水域中用网围拦出一定水面养殖水生经济动植物的生产方式。

（10）池塘养殖（pond culture） 利用池塘进行水生经济动植物养殖的生产方式。

（11）湖泊养殖（lake fish farming；fish culture in lake） 利用湖泊水体进行水生经济动植物养殖的生产方式。

（12）水库养殖（reservoir fish farming；fish culture in reservoir） 利用水库水体进行水生经济动植物养殖的生产方式。

（13）稻田养殖（rice field fish culture；fish culture in rice field） 在水稻田中开挖鱼沟、鱼溜，进行鱼类养殖的一种稻鱼兼作的生产方式。

（14）工厂化养殖（industrial aquaculture） 利用机械、生物、化学和自动控制等现代化技术装备起来的车间进行水生动植物养殖的生产方式。

（15）网箱养殖（culture in net cage） 利用网箱进行水生动物养殖的生产方式。

（16）混养（polyculture） 根据水产动物的不同食性和栖息习性，在同一水体中按一定比例搭配放养几种水产动物的养殖方式。

2. NY/T 755 确定的术语和定义

本标准引用 NY/T 755—2013《绿色食品 渔药使用准则》的术语和定义有以下 6 条：

（1）渔药（fishery medicine） 水产动物用兽药，指预防、治疗水产养殖动物疾病或有目的地调节动物生理机能的物质，包括化学药品、抗生素、中草药和生物制品等。

（2）渔用抗微生物药（fishery antimicrobial agents） 抑制或杀灭病原微生物的渔药。

（3）渔用抗寄生虫药（fishery antiparasite agents） 杀灭或驱除水产养殖动物体内、外或养殖环境中寄生虫病原的渔药。

（4）渔用消毒剂（fishery disinfectant） 用于水产动物体表、渔具和养殖环境消毒的药物。

（5）渔用环境改良剂（environment conditioner） 改善养殖水域环境的药物。

（6）停药期（withdrawal period） 从停止给药到水产品捕捞上市的间隔时间。

3. NY/T 1761 确定的术语和定义

NY/T 1761《农产品质量安全追溯操作规程 通则》是农产品质量安全追溯操作的通用准则，内容包括术语和定义、实施原则与要求、体系实施、信息管理、体系运行自查和质量安全问题处置，对全国范围内农产品质量安全追溯体系的建设及有效运行起到了重要作用。NY/T 1761 是产品类标准制定的基础，为各产品类农产品质量安全追溯操作规程的制定起到了指导性作用。

本标准中直接或间接引用 NY/T 1761 的术语和定义有以下 8 条：

（1）农产品质量安全追溯（quality and safety traceability of agricultural products） 运用传统纸质记录或现代信息技术手段对农产品生产、加工、流通过程的质量安全信息进行跟踪管理，对问题农产品回溯责任，界定范围。

（2）追溯单元（traceability unit） 在农产品生产、加工、流通过程中不再细分的单个产品或批次产品。

（3）追溯信息（traceability information） 可追溯农产品生产、加工、流通各环节记录信息的总和。

（4）追溯精度（traceability precision） 可追溯农产品回溯到产业链源头的最小追溯单元。

（5）追溯深度（traceability depth） 可追溯农产品能够有效跟踪到的产业链的末端环节。

（6）组合码（combined code） 由一些相互依存并有层次关系的描述编码对象不同特性代码段组成的复合代码。

（7）层次码（layer code） 以编码对象集合中的层次分类为基础，将编码对象编码成连续且递增的代码。

（8）并置码（coordinate code） 由一些相互独立的描述编码对象不同特性代码段组成的复合代码。

4. NY/T 1431 确定的术语和定义

由于 NY/T 1761 中引用了 NY/T 1431—2007《农产品追溯编码导则》的术语和定义，本标准引用了其中的 3 条术语和定义：

（1）可追溯性（traceability） 从供应链的终端（产品使用者）到始端（产品生产者或原料供应商）识别产品或产品成分来源的能力，即通过记录或标识追溯农产品的历史、位置等的能力。

（2）农产品流通码（code on circulation of agricultural products） 农产品流通过程中承载追溯信息向下游传递的专用系列代码，所承载的信息是关于农产品生产和流通两个环节的。

（3）农产品追溯码（code on tracing of agricultural products） 农产品终端销售时承载追溯信息直接面对消费者的专用代码，是展现给消费者具有追溯功能的统一代码。

【实际操作】

1. 水产养殖

水产养殖是指利用可供养殖的水域，按照养殖对象的生态习性和对水域环境条件的要求，在人工饲养管理下从苗种养成水产品的全过程。

根据养殖水质或水域的不同，可分为淡水养殖、半咸水养殖及海水养殖 3 大类。

水产养殖有粗养、精养和高密度精养等方式。粗养是在中、小型天然水域中投放苗种，完全靠天然饵料养成水产品，如湖泊、水库养鱼和浅海养贝等。精养是在较小水体中用投饵、施肥方法养成水产品，如池塘养鱼、网箱养鱼等。高密度精养采用流水、控温、增氧和投喂优质饵料等方法，在小水体中进行高密度养殖，从而获得高产，如工厂化养鱼等。

2. 滩涂养殖

滩涂养殖是海洋水产业之一，是指利用位于海边潮间带和低潮线以内的软泥或沙泥地带，直接或经平整、改造等进行海水养殖。滩涂按底质构成，大致可分为4大类型：泥滩、泥沙滩、沙滩及礁石滩。其中，泥滩又分为烂泥滩和泥质滩2种，前者滩面稀软，土质约占底质组成的80%以上；后者土质约占底质组成的50%左右。泥质滩一般开发用于螺类养殖，如泥螺等。泥沙滩有机质含量较高，能够为贝类生长提供优质饵料，是贝类栖息的最佳场所。底质以粒径小于0.039 mm的粉沙为主，占底质组成的70%左右。沙滩及礁石滩受底质构成原因影响，开发利用程度较低。

泥沙滩通常直接利用滩涂进行养殖，以贝类为主，如文蛤、泥蚶、缢蛏等。漩涂养殖是一种不需要投饵的天然养殖方式。当滩涂养殖所用苗种全部采于自然海区时，养殖期间可不设拦网，仅在养殖区域用插杆做好标记即可；当滩涂养殖所用苗种全部采用人工繁育苗种时，养殖期间需设拦网。投苗方法主要有湿播和干播2种方法。湿播即在海水涨潮时进行投苗，干播即在海水退潮时进行投苗，无论采用哪种方法均需做到均匀散播。网围的主要作用是可以防止贝类移到养殖区外，还可以阻止螺类、蟹类等敌害生物进入养殖区域。同时，为有效利用饵料，保持较好的生物容量，还需在养殖区域设置隔断绳。隔断绳应高于滩涂表面2～3 cm，以阻止贝类在养殖区的长距离移动。

3. 浅海养殖

浅海养殖包括筏式养殖、底播增养殖、网箱养殖。筏式养殖种类以贝类、藻类为主。底播增养殖种类以贝类为主。网箱养殖品种主要为大黄鱼、军曹鱼、石斑鱼等高经济价值鱼类。

浅海筏式养殖、底播增养殖能充分利用水域的营养物质和天然饵料等海洋资源，基本不投饲料和药物。筏式养殖和底播养殖生产成本较低。网箱特别是软体浮式网箱一次性投入大，但产品经济价值高、产量大，可以获得较高经济效益；养殖技术要求普遍较高，管理要求较严格。底播增养殖技术和管理要求相对较低。

4. 港［塭］养［殖］

港塭养殖是利用沿海的天然港湾、废弃盐田及低洼地带，经筑堤围港、开沟建闸整治或改造后，储蓄海水，利用潮水涨落将野生鱼、虾、蟹苗纳入或投放人工苗种进行养殖的一种方式。这种养殖方式，广东称鱼塭养殖；福建称海埭养殖；北方称港养。

港塭大致可以分为3种类型：天然盆地渔港、人工渔港、盐田渔港。

港塭养殖属粗放式养殖，纳苗以短食物链、广温性、广盐性鱼类为主。各地纳苗种类略有不同，一般以梭鱼、鲻鱼为主。北方常见的有梭鱼、鲈鱼、斑鰶、棘头梅童鱼、青鳞鱼、银鱼、黑鲷等；南方常见的有鲻鱼、大鳞鲻、棱鲻、白鲻和鲷类。纳苗季节一般南方早于北方。野生鲻鱼苗出现时间，广东省1～3月、福建省2～3月、浙江、江苏省3～4月。野生梭鱼苗出现时间，山东、河北省5～7月，辽宁省6～7月。野生棱鲻鱼苗出现时间，广东省2～7月。野生遮目鱼苗出现时间，海南省4～6月。野生斑鰶鱼苗出现时间，山东省6～7月。野生鲈鱼苗出现时间，山东省4～11月，6月为盛期。纳苗数量的多少直接影响产量，故单产低。有时因纳苗数量不足，需要投放人工苗种。

5. 筏式养殖

筏式养殖是在风浪较小的浅海海湾与潮间带，用浮筒、竹、木及塑料浮子等制成浮筏，把海藻（如海带、紫菜）或幼贝（如鲍鱼、扇贝）挂养在浮筏下进行养殖。

浮筏由浮绠、浮子、锚缆及苗绳组成。优点是能充分利用水体，水交换条件优良，溶解氧充足，可任意调节所处水层，生长速度快，单位面积产量提高。缺点是一次性投入较大，受自然条件（如台风）影响较大，会导致浮筏损失。

6. 网围养殖

网围养殖也称为围网养殖或围栏养殖，是指在湖泊、水库、河道等水域通过围、圈、拦、隔等工程措施，将长方形网片形成网墙包围鱼群，顶部浮于水面上，围挡出一定面积的水域，在其中从事集约化的水生经济动物养殖。网围养殖是将池塘养殖高产技术与大水体优良的生态环境结合；采取混养、密养等技术手段；以投喂人工饲料为主，依靠丰富的天然饵料资源为辅的养殖方法。网围养殖依赖水流作用可使围养区内水体不断更新，水中溶解氧丰富，水生经济动物的排泄物和食物残渣能及时稀释和扩散，在围养区内还可减少凶猛鱼类对养殖水生经济动物的危害，降低觅食所耗的能量；因而，成活率高、生长快、饲料系数低、增肉率高、成本低、经济效益好。

7. 池塘养殖

池塘养殖是我国养殖水生经济动物的主要形式，特别是在淡水养殖业中。主要是利用天然形成的池塘、经过整理或人工开挖面积较小的静水水体进行水产经济动物精养生产的一种方式。

池塘养殖具有静水养鱼的特点，适宜不同栖息习性和食性的种类进行混养，可以充分利用水体诱饵，同时还可以使用施肥的方法来培养天然饵料，特别适宜于我国的农业现状。

其特点是管理较方便，水体小环境较易控制，生产过程能全面控制；适用于进行密养、混养及轮养，单位面积产量高；可采用投饲、施肥及增氧等综合的技术措施，进行精养。

淡水池塘养殖品种主要有草鱼、鲤等。海水池塘养殖品种主要有黑鲷、鲈、石斑鱼等。

8. 湖泊养殖

湖泊养殖是利用湖泊天然水进行养殖的生产方式。我国湖泊养殖主要是在长江中下游一带及东北地区。水深在 5 m 以下，天然饵料丰富。小型湖泊（60 hm^2 以下）以精养为主，至于中型湖泊（60～600 hm^2）及大型湖泊（600～6 000 hm^2）仍以粗放养殖为主。在湖泊进行大水面粗放式养殖时，在一个生产周期内，需要补充投放鱼种，当达到上市规格时进行捕捞。其特点是鱼类的生长及其群体的生产量主要依靠水体中的天然饵料资源。这一特点就决定了需要依据水体的自然条件，选择适当的放养对象、确定其合理比例、适宜的放养密度。

9. 水库养殖

水库是在原来的江河、溪流、山谷和低洼处通过筑堤、建闸门等手段建成的蓄水库，一般面积较大，且加以发电、灌溉、养鱼等多方面综合利用。水库养殖是依靠水体中的天然饵料资源——浮游生物、有机碎屑、底栖生物及水生维管束植物等进行养殖。依据其天然饵料构成，可分为藻型库及草型库 2 种类型。藻型库特点为水质肥沃，浮游生物种类繁多，生物量高，非常适合滤食性鱼类的养殖；主要投放鲢、鳙，适当搭配青鱼、草鱼、鲤、鲫等鱼类。草型库特点为水生植被茂盛，底栖生物丰富而浮游生物则相对较少。这一类型水体应加大草食性鱼类、底栖性鱼类和杂食性鱼类的放养比例，其放养量可占总放养量的 40%～50%；主要投放青鱼、草鱼，适当搭配鲢、鳙、鲤、鲫等鱼类。

10. 稻田养殖

稻田养殖是一种在稻田生态系统中进行良性循环的生态养殖模式。在稻田内开挖鱼沟和鱼溜，并适当投放鱼种，减少稻田中的害虫、杂草，疏松土壤，肥沃稻田，促进水稻丰收且获得一定的鱼产量。稻田放养鱼类主要有鲤、鲫等。

稻田养鱼有单季稻与双季稻养鱼之分。单季稻养鱼，在收获稻谷时同时起捕鱼类；而双季稻养鱼，在早稻收获时，将鱼赶到鱼溜里暂养，晚稻插秧后继续饲养，收获晚稻时同时起捕鱼类。

在种养模式上，稻田养殖由最传统的稻鱼型发展为稻蟹型、稻虾型、稻虾蟹型、稻鳝型、稻鳅型。

11. 工厂化养殖

工厂化养殖又称设施渔业。主要有自流水式、循环流水式和温流水式。在高密度的室内饲养条件下，根据鱼类或其他水产养殖对象生长对环境的需要，采用先进的机械和自动化电子设备，在水温、水质、水流、溶解氧、光照、投饲等方面进行控制，建立人工小气候，以创造和保持其最适宜生长环境；根据鱼类生长对营养的需求，定量供应水生动物喜食的天然饵料和配合饲料，促使其在健康条件下快速生长，使水产养殖对象的繁殖、苗种培养、商品鱼养殖等各个环节都处在人工控制的水体环境中进行无季节性的连续生产。完善的工厂化养殖应包括流水池、水质控制、水温调节、水中增氧、水体净化、人工培养的活饵料、配合饲料及自动投饵等专用设施，因此是集工厂化、机械化、信息化、自动化为一体的高密度、高产量的现代化养殖方式。

12. 网箱养殖

网箱养殖首先在淡水养殖上得到推广，以后扩大到海水养殖。是在天然水域条件下，利用合成纤维网片或金属网片制成长方体、圆柱体等具一定形状或规格的箱体，将其架设在较大水体中，然后将鱼高密度养在箱中，借助箱内外水体的自由交换，维持箱内适合鱼类生产的环境，利用天然饵料或给予人工饲料，最后养成商品鱼的养殖方式。

网箱主要有 3 种类型：浮式网箱、沉式网箱和升降式网箱。广泛地应用在水库、湖泊、河道、浅海、内湾海区等大中型水域中。海水网箱养殖的品种主要有石斑鱼、大黄鱼、金鲳、真鲷、美国红鱼、鲈鱼等。

浮式网箱漂浮在水面上，一般设置在半开放水域，有岛礁屏障最佳。其优点为具备一定的抗风浪性能，便于养殖操作及日常管理维护；缺点为对框架的材质及整体性能要求较高。

沉式网箱整个箱体全部沉入水面下，一般适宜于设置在风浪较大的水域，淡水水域使用较少，网箱采用全封闭式，主要适宜用来养殖滤食性鱼类。

升降式网箱又称沉浮式网箱，一般设置于较开发水域，平时浮于水面，当遇到极端天气（如台风）时，则下沉至水面下 6～8 m 处，以抵御风浪冲击。根据其工作原理又分为自沉式和助沉式 2 种类型。自沉式网箱设有风浪监测和自动沉降系统，当感应到风浪达到一定程度时，便启动系统自动下沉。助沉式网箱需要根据实时天气情况，人工辅助进行下沉；其优点为抗风浪性能较强，缺点为对成本投入较高。

网箱养殖的优点是可充分利用水体和饵料生物，不占用土地，高密度，投资小，移动方便，操作容易，便于管理；缺点是受风浪影响较大，易感染鱼病，易外逃及附着生物多需经常洗刷。

13. 混养

进行多种鱼类、多种规格的混养，可充分发挥水体和鱼类的生产潜力，合理和充分利用饵料，提高产量。混养不是简单地把几种鱼混在一个水体中，也不是一种鱼的密养，而是多种鱼、多规格的高密度混养。混养的鱼类须食性和栖息习性不同，且不互相蚕食。例如，鲢、鳙主食浮游生物，为上层鱼；草鱼、团头鲂、鳊主食草类，为中下层鱼；青鱼主食螺蛳、蚬等底栖动物，鲤、鲫主食底栖动物及有机碎屑，鲮、鲴食有机碎屑及附生藻类，为下层或底层鱼。这样分层混养，可利用各个水层和水体中各种天然饵料，充分发挥生产潜力。混养的鱼类之间还有互利作用，如草鱼、青鱼摄食后排出大量粪便，致使水中藻类及其他浮游生物大量繁殖，水体溶氧量下降，影响自身生长；而混养鲢、鳙恰好以浮游生物为食，可减低水体中的浮游生物量，对草鱼、青鱼生长有利。

14. 渔药

药物，按其应用的范围一般可分为 3 类，即人用药物、兽用药物及农药。渔药是与渔业生产及水生生物有关的药物，又称水产用兽药或水产养殖用药、水产药。尽管在多数情况下渔药被包括在兽用药物之内，但是渔药又区别于兽用药物，其特点主要表现为其应用的水产养殖对象的特殊性以及易受养殖环境因素影响 2 方面。渔药的应用对象主要是水生动物、水生植物及养殖水环境。用于水生动物的药物与兽用药物以及人用药物有较密切的关系，而用于水生植物的药物则多从农药延伸而来。渔药可直接用于鱼体，但在某些情况下需要使用在养殖水环境中，其药效受水环境的诸多因素影响如 pH、水温等，这是与人用药物及兽用药物的较大差别之一。

依据其使用目的，渔药可分为 7 类：

① 渔用抗微生物药；

② 渔用抗寄生虫药；

③ 渔用消毒剂；

④ 渔用环境改良剂；

⑤ 渔用生物制品；

⑥ 渔用微生态制剂；

⑦ 渔用中草药制剂。

15. 渔用抗微生物药

渔用抗微生物药指通过内服或注射等方式，杀灭或抑制体内细菌、真菌、支原体和病毒等抗原微生物繁殖、生长的药物，包括抗病毒药物、抗细菌药物、抗真菌药物等。SC/T 1132—2016《渔药使用规范》中渔用抗微生物药主要由抗细菌药物组成，抗细菌药物又可分为抗生素、抗菌药。

（1）抗生素主要由氨基糖苷类、四环素类及酰胺醇类组成

① 氨基糖苷类是由链霉素、小单胞菌产生或经过半合成制得一类水溶性的碱性抗生素。由链霉素菌产生的链霉素、新霉素、卡那霉素、妥布霉素等，由小单胞菌产生的庆大霉素、小诺米星等。其药理作用是，抑制细菌蛋白质的合成过程，可使细菌胞膜的通透性增强，使胞内物质外渗导致细菌死亡。本类药物为静止期杀菌药。例如，硫酸新霉素粉用于治疗鱼、虾、河蟹等水产养殖动物由气单胞菌、爱德华氏菌及弧菌等引起的肠道疾病。

② 四环素类是由放线菌产生的一类广谱抗生素，包括革兰氏阳性和阴性菌、立克次体、衣原体、支原体和螺旋体，故常称为广谱抗生素。其药理作用是，通过可逆性地与细菌核酸体 30S 亚基上的受体结合，干扰 tRNA 与 mRNA 形成核酸体复合物，阻止肽链延长而抑制蛋白质合成，从而使细菌的生长繁殖迅速被抑制。例如，盐酸多西四环素粉用于治疗鱼类由弧菌、嗜水气单胞菌、爱德华氏菌等引起的细菌性出血病。

③ 酰胺醇类又称氯霉素类抗生素，包括氯霉素、甲砜霉素、氟苯尼考等，属于广谱抗生素。氟苯尼考为动物专用抗生素。其药理作用是，通过不可逆性地结合细菌核糖体 50S 亚基上的受体部位，阻止肽酰基转移，抑制肽链延伸，干扰蛋白质合成，从而产生抗菌作用。对气单胞菌、弧菌、爱德华氏菌等均有较强的抗菌作用。例如，氟苯尼考粉用于治疗淡、海水养殖鱼类由细菌引起的败血症、溃疡、肠道病、烂鳃病，以及虾红体病、蟹腹水病。

（2）抗菌药主要由磺胺类药物、喹诺酮类药物及其他抗菌药物

① 磺胺类药物是抗感染治疗中的重要药物之一，抗菌作用范围广，对许多革兰氏阳性菌和一些革兰氏阴性菌都有抑制作用，甚至对衣原体属和某些原虫都有效，为广谱抑制剂。例如，复方磺胺嘧啶粉用于治疗草鱼、鲢、鲈、石斑鱼等由气单胞菌、荧光假单胞菌、副溶血弧菌、鳗弧菌引起的出血症、赤皮病、肠炎、腐皮病等疾病。

② 喹诺酮类药物是人工合成的具有 4-喹诺酮环基本结构的杀菌性抗菌药物。例如，恩诺沙星粉用于治疗水产养殖动物由细菌性感染引起的出血性败血症、烂鳃病、打印病、肠炎病、赤鳍病、爱德华菌病等疾病。该类药物对于虾类的各种红体、断须、白斑、烂鳃、肠炎有很好的治疗和辅

助治疗作用。

16. 渔用抗寄生虫药

渔用抗寄生虫药是指通过药浴或内服，杀死或驱除水产养殖动物体内外寄生虫的药物及敌害生物的一类药物。根据药物作用的特点，可分为抗原虫药物、抗蠕虫药物。

原虫泛指寄生水生动物的单细胞原生动物。抗原虫药物根据给药的方式，又分为外用药和内服药两种。外用药主要杀灭寄生在水生动物的鳃和体表的各种原虫，如寄生在鲤鱼鳃部的车轮虫，外用药包括如硫酸锌、硫酸铜硫酸亚铁等。例如，硫酸铜硫酸亚铁属于重金属盐类杀虫剂，为外用驱杀虫药物，用于杀死或驱除草鱼、鲢、鳙、鲫、鲤、鲈、鳜、鳗鲡、胡子鲶的鳃隐鞭虫、车轮虫、斜管虫、固着类纤毛虫等寄生虫；其药理作用为 Cu^{2+} 可与蛋白质变性、沉淀，因而能使寄生虫体内的酶失去活性，起到杀死寄生虫的效果。

内服药主要驱杀寄生于水生动物体内实质器官的原虫，如鲤鱼体内肠道的粘孢子虫，内服药包括盐酸氯苯胍粉、地克珠利预混剂等。例如，地克珠利预混剂为内服驱杀虫药物，用于防治鲤科鱼类黏体虫、碘泡虫、尾孢虫、四极虫、单极虫等粘孢子虫病。

用于消灭寄生于水产动物体内、外的蠕虫一类药物，称为抗蠕虫药物。所有此类药物均有内服和外用两种给药途径。外用药主要杀灭寄生在水生动物的鳃和体表的各种蠕虫，如寄生在鲤鱼鳃部的指环虫，外用药包括高效氯氰菊酯溶液（水产用）、精制敌百虫粉及敌百虫溶液（水产用）等。例如，高效氯氰菊酯溶液用于青鱼、草鱼、鲢、鳙、鲫、鳊、黄颡鱼、黄鳝、鳜、鳗鲡、鲶等鱼类由锚头蚤、三代虫、指环虫等寄生虫引发的疾病；其药理作用以触发为主，药物接触寄生虫后迅速作用于神经系统，改变神经突触对离子的通透性，造成 Na^{+} 持续内流，引起过度兴奋、痉挛，最后麻痹而死。内服药主要驱杀寄生于水生动物体内实质器官的原虫，如鲤鱼体内的绦虫，内服药包括盐阿苯达唑粉、吡喹酮预混剂等。例如，吡喹酮预混剂为高效、广谱、低毒驱虫药物，用于驱杀鱼类（团头鲂慎用）的绦虫、毛细线虫、棘头虫等肠道寄生虫，同时对血吸虫、囊虫、肺吸虫、姜片虫均有效。

17. 渔用消毒剂

消毒剂指以杀灭水体环境、用具、器械中微生物为目的所使用的药物。常用的药物有醇类、醛类、卤素类、氧化物、季铵盐类、金属化合物和染料等。在水产养殖中使用较多的为醛类、卤素类、季铵盐类。

醛类药物，如浓戊二醛溶液（水产用）、戊二醛、苯扎溴铵溶液（水产用）。浓戊二醛溶液（水产用）用于水体消毒，防治由弧菌、嗜水气单胞菌、爱德华氏菌等引起的细菌性疾病。其药理作用是加入水中后生成次氯酸，次氯酸释放活性氯和初生氧而呈现杀菌作用，对细菌繁殖体、细菌芽孢、病毒及真菌都有杀灭作用。

卤素类药物，如含氯石灰（水产用）、三氯异氰脲酸粉（水产用）。含氯石灰（水产用）用于水体消毒，防治由弧菌、嗜水气单胞菌、爱德华氏菌等引起的细菌性疾病。其药理作用是通过烷基化反应使菌体蛋白变性，使酶和核酸等的功能发生改变，从而呈现杀菌作用。

季铵盐类药物，如苯扎溴铵溶液。苯扎溴铵溶液为阳离子表面活性剂。其主要用于养殖水体的消毒，是一种快速广谱杀菌剂，低浓度对各种革兰氏阳性和革兰氏阴性细菌有杀菌作用，革兰氏阳性细菌对其更为敏感，而后者则需较高浓度溶液，对细菌芽孢无效。其药理作用是能改变细菌胞浆物质外渗，阻碍其代谢而起杀灭作用。

18. 渔用环境改良剂

渔用环境改良剂是指以改良养殖水域环境为目的所使用的药物，包括底质改良剂、水改良剂和生态条件改良剂。例如，生石灰主要用于鱼池消毒，改良水质；其药理作用生石灰遇水生成强碱性的氢氧化钙，在短时间内使池水的 pH 上升到 11 以上。例如，硫代硫酸钠粉为水质改良剂，主要用于水质改良，降低水体中氨、氮、亚硝酸盐、硫化物等有害物质的含量；其药理作用为具有较强的还原性，能将氨氮、亚硝酸盐、硫化物等物质还原。例如，过氧化钙粉为增氧剂，主要用于鱼池增氧，防治鱼类缺氧浮头。其药理作用为遇水发生反应释放出活性氧，可增加水体溶氧；同时，产生的活性氧和氢氧化钙有杀菌和抑藻作用，调节水环境的 pH，降低水中氨氮、二氧化碳、硫化氢等有害物质浓度，使胶体沉淀。

19. 停药期

又称休药期。渔药的休药期单位为摄氏度·日（℃·d），是水产养殖动物停药后的时间（单位为 d）和在此期间日平均水温（单位为℃）的乘积。例如，使用恩诺沙星粉拌饵投喂：每 kg 水产养殖动物体重 10～20 mg（以恩诺沙星计），连用 5～6 d；用于治疗鲤鱼肠炎病，其休药期为500 ℃·d。日平均水温为 25 ℃，停药后 20 d后，则达到休药期要求。

20. 追溯单元

追溯单元为农产品生产、加工、流通过程中不再细分的单个产品或批次产品。

农产品生产、加工、流通过程中具有多个工艺段，这些工艺段可以是技术型的，也可以是管理型的，统称为管理对象。其划分的粗细按其技术条件或管理内容而分，一个追溯单元内的个体具有共同的技术条件或管理内容。例如，某水产品农民养殖专业合作社，若每个养殖户不能处于相同的养殖条件下，则追溯单元为每个养殖户；若不同的养殖户组能够实施统一管理（渔药、饲料的使用皆一致），则追溯单元为养殖户组。

一个追溯单元有一套记录，适用于该追溯单元内的每个个体。追溯单元的划分是确定追溯精度的前提。

21. 批次

批次为由一个或多个追溯单元组成的集合，常用于产品批次。尽管每个追溯单元具有自己的技术条件或管理内容，且有别于其他追溯单元。但农产品生产、加工、流通过程是连续的物流过程，可分为多个阶段。当一个追溯单元的产品进入下一个阶段时，因技术条件或管理内容而不得不与其他追溯单元的产品混合时，就形成混合产品，即成为批次。例如，当某水产品捕捞后，如果不同的养殖户组的水产品能够实现分批加工，则一个养殖户组的水产品可作为一个批次；若不能实现分批加工，则多个养殖户组的水产品混合为一个批次。

批次可作为追溯精度。

22. 记录信息

记录信息是指农产品生产、加工、流通中任何环节记录的信息内容。生产经营主体在管理中应根据《中华人民共和国农产品质量安全法》做好记录。需记录的内容应包括与产品质量安全有关的信息，如生产资料的技术内容、工艺条件等；也包括与产品质量安全无关的信息，如职工的工作量、生产资料的收购价等。前者可用于质量安全追溯，后者则不可用于质量安全追溯，仅用于经营管理。生产经营主体为了记录的方便，往往是将这两方面内容列为一个记录，而不分别记录。

23. 追溯信息

追溯信息为具备质量安全追溯能力的农产品生产、加工、流通各环节记录信息的总和，即可用于质量安全追溯的记录信息。依据质量安全追溯的内容，即确定追溯产品的来源、质量安全状况、责任主体，追溯信息应满足该内容的要求。因此，追溯信息应包括以下 3 个方面内容：

（1）环节信息 即信息是记录在哪一环节。环节的划分依据如下：

① 生产组织形式的反映。例如，渔药购入由单独的部门完成，然后分发给渔药使用者，则渔药购入和渔药使用为 2 个环节；若渔药使用者自行购入渔药，则渔药购入和渔药使用合为一个环节。

② 相同技术条件或管理内容的部门可归为一个环节。例如，各养殖

户统一进行管理的水产品养殖，具有相同的技术条件或管理内容，可合并为一个环节。

③ 结合追溯精度，可以细分或粗合。环节信息应具体并唯一地反映该环节，表达方式可用汉字或数字（应在质量安全追溯制度中写明该数字的含义）。例如，第1养殖户第2号池塘或1-02。

（2）*责任信息* 即时间、地点、责任人，以便发生质量安全问题时可依此确定责任主体。其中，责任人包括质量安全追溯工作的责任人以及生产投入品供应企业责任人（该企业名称）。

（3）*要素信息* 该环节技术要素或管理要素的反映。要素信息应满足质量安全追溯的要求，如使用的渔药品名、使用量、使用方法、休药期等。

24. 追溯精度

（1）*追溯精度定义* 农产品质量安全追溯中可追溯到产业链源头的最小追溯单元。目前，生产水平和管理方式尚未完全摆脱粗放模式的影响，且最小追溯单元基于生产实践。生产经营主体的记录可精确到养殖户或池塘、养殖户组或池塘组等。

（2）*确定追溯精度的原则* 生产经营主体可依据自身生产管理现状，为满足追溯精度要求，对组织机构、工艺段和工艺条件做出小幅度更改。不必为质量安全追溯花费大量资金及人力，以致影响经济效益。因此，全国范围内生产经营主体的质量安全追溯的模式不完全相同，各有符合本主体的特色。追溯精度也如此，各生产经营主体的追溯精度可以不同。追溯精度的放大和缩小各有利弊。

① 追溯精度放大的优点是管理简单、记录减少。例如，水产品生产经营主体的追溯精度确定为某池塘组，则该养池塘组养殖水产品的渔药使用、饲料投饲、捕捞均为统一；该池塘组内生产人员可随时换岗；追溯信息的记录只需一套；运输时，本池塘组的水产品可以随意混运；加工企业的库房不必分区；加工成的产品可以混合。总之，只要是出自同一池塘组的鲜活水产品，加工后的产品均可混合，这便于生产和管理。但其缺点是一旦发生质量安全问题，查找原因、责任主体、改进工作与奖惩制度的执行都较困难。再则，发生质量安全问题的产品数量大，涉及的批发商或零售商多，召回的经济损失及对企业的负面影响较大。

② 追溯精度缩小的优缺点正好与之相反。因此，在管理模式和生产工艺不作重大变更的前提下，合理确定追溯精度是每个生产经营主体实施质量安全追溯前必须慎重解决的问题。

鉴于以上所述优缺点，一般来说，产品质量安全可控性强、管理任务又较繁重的企业，追溯精度可以适当放大；而产品质量安全可控性差、管理任务又不太繁重的企业，追溯精度可以适当缩小。

另外，随着国内外贸易的扩展和质量安全追溯的深化，加工企业应改进管理和工艺，使追溯精度更小。当加工企业工艺变化或销售方式变化影响产品可追溯性时，应及时通知生产经营主体对追溯精度作出相应变化，以便追溯工作的实施与管理。从而促使追溯精度与实际生产过程相匹配，推进质量安全追溯发展，赢得消费者的赞赏。

25. 追溯深度

追溯深度为农产品质量安全追溯中可追溯到的产业链的最终环节。以生产经营主体作为质量安全追溯的主体，追溯深度有以下 5 类：

（1）加工企业　实施质量安全追溯的水产品生产经营主体，其可追溯的鲜活水产品销售给水产品加工企业，追溯深度为水产品加工企业；或实施质量安全追溯的加工企业，其可追溯冷冻鲱鱼或其他水产品销售给食品加工企业，如鲱鱼罐头生产企业，追溯深度为食品加工企业。

（2）批发商　实施质量安全追溯的水产品生产经营主体或加工企业，其追溯产品销售给批发商，追溯深度则为批发商。

（3）零售商　实施质量安全追溯的加工企业，其追溯产品销售给直销店或零售商，追溯深度为零售商。

（4）分销商　实施质量安全追溯的加工企业，其追溯产品销售给分销商，追溯深度为分销商。

（5）消费者　实施质量安全追溯的加工企业，其追溯产品直接销售给消费者，追溯深度为消费者。

26. 代码

代码是农产品质量安全追溯中赋值的基本形式。只有使用代码才能实施信息化管理，才能实施追溯。

（1）代码的基本知识

① 代码表示形式。由于代码需表示诸多不同类型的内容，因此其表示形式有以下 4 种：

（a）数字代码（又称数字码）。这是最常用的形式，即用一个或数个阿拉伯数字表示编码对象。数字代码的优点是结构简单、使用方便、排序容易、便于推广。在应用阿拉伯数字时，对“0”不予赋值，而是作为预留位的数字，以便以后用其他数字代替，赋予一定含义或数值。

（b）字母代码（又称字母码）。用一个或数个拉丁字母表示编码对象。字母代码的优缺点如下：

一个优点是容量大，两位字母码可表示 676 个编码对象，而两位数字码仅能表示 99 个编码对象；另一个优点是有时可提供人们识别编码对象的信息，如 BJ 表示北京、JMS 表示佳木斯，便于人们记忆。

缺点是不便于计算机等数据采集电子设备的处理，尤其当编码对象数目较多、添加或更改频繁、编码对象名称较长时，常常会出现重复或冲突。因此，字母代码经常用于编码对象较少的情况。即使在这种情况下应用，尚须注意以下 3 点：一是当字母码无含义时，应尽量避免使用发音易混淆的字母，如 N 和 M、P 和 B、T 和 D；二是当出现 3 个或更多连续字母时，应避免使用原音字母 A、O、I、E、U，以免被误认为简单语言单词；三是在同一编码方案中应全部使用大写字母或小写字母，不可大小写字母混用。

（c）混合代码（又称数字字母码或字母数字码）。一般不使用混合代码，只有在特殊情况下才使用，如出口水产品使用国际规定的流通码。混合代码中包括数字和字母的代码，有时还可有特殊字符。这种代码具有数字代码和字母代码的优缺点。编制混合代码时，应避免使用容易与数字混淆的字母，如字母 I 与数字 1、字母 Z 与数字 2、字母 G 与数字 6、字母 B 和 S 与数字 8；也应避免使用相互容易混淆的字母，如字母 O 和 Q。

（d）特殊字符。部分特殊字符（如 &、@等）可用于混合代码中增加代码容量。但连字符（-）、标点符号（，。、等）、星形符号（＊）等不能使用。

② 代码结构和形式。代码的结构包括由几个代码段组成、每个代码段的含义、这些代码段的位置、每个代码段有多少字符。例如，农产品追溯码由 4 个代码段组成，从左到右代码段的名称依次为生产者代码段、产品代码段、产地代码段、批次代码段。每个代码段内字符数由具体情况而定。

③ 代码长度。代码长度是指编码表达式的字符（数字或字母）数目，可以是固定的或可变的。但为了便于信息化管理，宜采用固定的代码长度，对当前不用而将来可能会用的代码长度，可以用“0”作为预留。例如，水产品产品代码段，当前仅有 5 个品种，只需 1 位代码长度；若考虑将来品种会增加到 15 种，则应有两位代码长度，当前产品代码为 01～05。需要注意的，代码长度不应过长，否则不利于电子信息的管理。

（2）质量安全追溯中所用代码

① 组合码。组合码为由一些相互依存的并有层次关系的描述编码对象不同特性代码段组成的复合代码。例如，生产者的居民身份证编码采用

组合码，居民身份证码示例见表 2-1。

表 2-1 居民身份证码示例

居民身份证码	含义
××××××××××××××××××	居民身份证码的 18 位组合码结构
××××××	行政区划代码
××××××××	出生日期
×××	顺序码，其中奇数表示男性，偶数表示女性
×	校验码

该组合码分为 4 个代码段，共 18 位。前 2 个代码段分别表示居民的空间和时间特性，第 3 个代码段依赖于前 2 个代码段所限定的范围，第 4 个代码段依赖于前 3 个代码段赋值后的校验计算结果。

又如，水产品追溯码见表 2-2。

表 2-2 水产品追溯码

追溯码	含义
×××××××××××××××××××××××××	水产品追溯码的 25 位组合码结构
××××××	从业者代码
××××	追溯产品代码
××××××	产地代码
××××××××	批次代码
×	校验码

该组合码分为 5 个代码段，共 25 位。第 1 个代码段是从业者代码，表示水产品生产经营主体，包括经营者、生产者和经销商的全部或部分。第 2 个代码段是追溯产品代码，表示水产品的代码。第 3 个代码段是产地代码，表示追溯产品生产地的代码，可用国家规定的行政区划代码，如以下所述的层次码。第 4 个代码段是批次代码，如以下所述的并置码。第 5 个是校验码，依赖于前 4 个代码段 24 个代码赋值后的校验计算结果。

② 层次码。层次码以编码对象集合中的层次分类为基础，将编码对象编码成连续且递增的代码。例如，产地编码采用 3 层 6 位的层次码结构，每个层次有 2 位数字，从左到右分别代表省级、市级、县级。较高层级包含且只能包含较低层级的内容，内容是连续且递增的，组成层次码，表示某县所属省、市，表达一个有别于其他县的确切唯一的生产地点。

例如，北京市的省级代码为 11，下一层市辖区的市级代码为 01，下一层东城区的县级代码为 01。因此，生产地点在北京市东城区的代码为 110101。

③ 并置码。并置码为由一些相互独立的描述编码对象不同特性代码段组成的复合代码。例如，批次编码，采用 2 个代码段。第 1 个代码段为批次，用数字码，其位数取决于 1 d 内生产的批次数，可用 1 位或 2 位。第 2 个代码段是生产日期代码，采用 6 位数字码，分别表示年、月、日，各用 2 位数字码。批次代码和生产日期代码是具有不同特性的，批次与生产线、生产设施有关，而生产日期仅是自然数。

27. 可追溯性

水产品的可追溯性是指从供应链的终端（产品使用者）到始端（产品生产者或原料供应商）识别产品或产品成分来源的能力。水产品供应链的终端包括批发商、零售商（如水产品加工企业的直销店）和消费者（如机关、学校等）。始端所指的产品生产者包括农业生产经营主体（养殖户、养殖户组）、加工企业等；原料供应商包括苗种供应商、渔药供应商、饲料供应商以及加工过程中使用的食品添加剂供应商。

识别产品或产品成分来源的能力是指通过质量安全追溯达到识别与质量安全有关的产品成分及其来源的能力。

以渔药残留为例，其来源可能是渔药生产商添加了渔药名称以外的渔药，或供应的渔药不纯，含有其他渔药成分；也可能是渔药使用者未按照国家标准规定使用（如渔药的使用量、使用方法等）、使用国家明令禁用渔药或未按停药期规定捕捞水产品；也可能是追溯产品的渔药残留检验不规范。

以重金属污染为例，其主要原因是产地环境（渔业用水、底泥、大气环境）中的重金属被水产品富集所致或者是投饲的饲料带入，也可能是加工过程中引入（如包装材料中重金属的迁移等）。

所有这些成分的来源分析是通过产业链各环节的信息记录或产品标识追溯到产业链内的工艺段，即通过质量安全信息从产业链终端向始端回溯，从而构成农产品的可追溯性。

28. 农产品流通码

农产品流通码的信息包括农产品生产和流通两个环节的信息，该信息是从始端环节向终端环节传递的顺序信息。

生产环节代码包括生产者代码、产品代码、产地代码和批次代码，农产品流通码对一个生产经营主体来说是唯一性的。生产经营主体编码时，可采用国际公认的 EAN·UCC 系统。其中，EAN 是联合国的编码系统（国际物品编码协会），UCC 是美国的编码系统（美国统一代码委员会），两者结合组成 EAN·UCC 系统。EAN·UCC 是国际通用编码系统，生产经营主体按此编码符合国际贸易要求，可在出口产品中采用该编码。

（1）EAN·UCC 系统　EAN·UCC 代码包括应用标识符、标识代码类型、代码段数、代码段内容以及代码段中数字位数等。常用的 EAN·UCC 系统主要有以下 2 种：

① EAN·UCC－13 代码。EAN·UCC－13 代码是标准版的商品条码，由 13 位数字组成，包括前缀码（由 EAN 分配给各国或地区的 2～3 位数字，在 2002 年前中国是 3 位数 690～695）、厂商识别代码（由中国物品编码中心负责分配 7～9 位数字）、商品项目代码（由厂商负责编制 3～5 位数字）和校验码（1 位数字）。

② EAN·UCC－8 代码。EAN·UCC－8 代码是缩短版的商品条码，由 8 位数字组成，包括商品项目识别代码（由中国物品编码中心负责分配 7 位数字）和校验码（1 位数字）。

（2）我国国际贸易农产品流通码　农产品流通码见图 2－1。

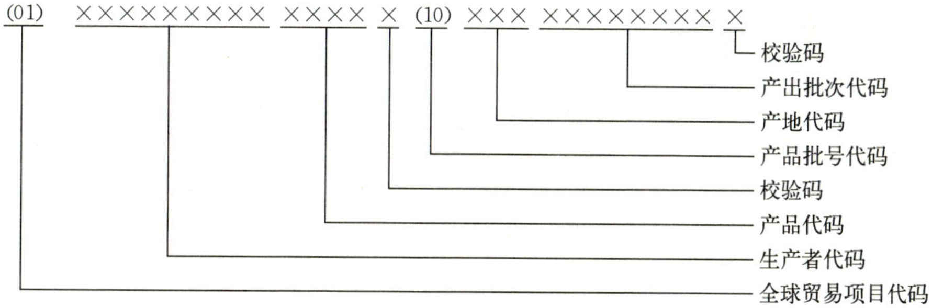

图 2－1　农产品流通码

生产者代码和产品代码处于全球贸易项目代码的应用标识符 AI（01）之中，该标识符可用于定量贸易项目，其第 1 个数字代码（即生产者代码的第 1 个数字代码为 0～8）；也可用于变量贸易项目，其第 1 个数字代码（即生产者代码的第 1 个数字代码为 9）。生产者代码有 7～9 位数字（可用 0 表示预留代码），产品代码有 3～5 位数字（可用 0 表示预留代码），两个代码结束处设校验码（1 位数字）。

产地代码和产出批次代码处于全球贸易项目代码的应用标识符 AI（10）之中，其中产出批次代码中可加入生产日期代码（6 位数字，顺序从前到后依次为年份的后 2 个数字、2 位月份代码和 2 位日数代码），两个代码结束处设校验码（1 位数字）。

以上内容的生产环节流通码由生产经营主体完成生产时编制完成。

水产品流通环节代码包括运输、批发、分销等环节的代码，其内容为流通作业主体代码、流通领域产品代码、流通作业批次代码。这些代码对一个流通企业来说是唯一性的。

流通作业主体代码、流通领域产品代码处于全球贸易项目代码的应用标识符 AI（01）之中。流通作业批次代码处于全球贸易项目代码的应用标识符 AI（10）之中，其可加入生产日期代码。

以上内容的流通环节流通码由流通部门在完成流通时编制完成。

生产环节和流通环节流通码也可合二为一，由流通部门向生产经营主体提供必要的流通领域诸代码，生产经营主体在完成生产时编制一个体现生产和流通两方面内容的代码，其形式为生产领域的流通码，即 4 个代码段，在生产者、产品、产地和产出批次代码段中加入流通领域的内容。

29. 农产品追溯码

追溯码是提供给消费者、政府管理部门的最终编码，仍由 4 个代码段组成，与流通码一样，但不使用标识符，仅有一个校验码。追溯码由流通码压缩加密形成。农产品追溯码见图 2－2。

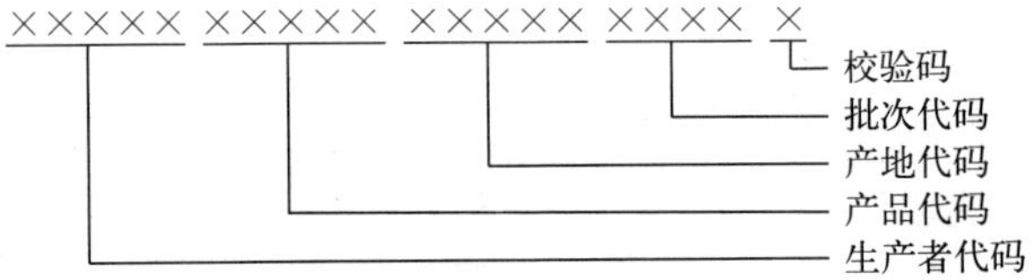

图 2－2　农产品追溯码

第三节　要　　求

一、追溯目标

【标准原文】

4.1　追溯目标

建立追溯体系的水产品应通过追溯码查询各养殖（或捕捞）、加工、流通环节的追溯信息，实现产品可追溯。

【内容解读】

1. 追溯码具有完整、真实的信息

追溯码具有的追溯信息完整、真实是保证能够根据追溯码进行追溯的基础，也是实施质量安全追溯的前提条件。如果没有完整和真实的追溯信息，顺向可追、逆向可溯便无从谈起。因此，对追溯码具有的追溯信息有以下要求：

（1）追溯信息应具有完整性 完整性是指信息覆盖种植、加工和流通整个产业链的所有环节。从信息内容上，应包括产品、投入品等所有追溯信息，即与追溯产品质量安全有关的信息。同时，还应包括明确的责任主体信息。

（2）追溯信息应具有真实性 追溯信息真实性是指按照实际的生产、操作情况记录发生的事情。记录可为可追溯性提供文件、验证的证据。因此，保证记录的真实性，将为质量原因的分析、问题产品的追溯、质量安全追溯系统的有效运行提供有力支撑。另外，记录的真实性也包含电子信息和纸质信息一致性的内涵，将纸质记录信息转录为电子信息记录应有审核的过程。

2. 追溯方式

质量安全追溯是依据追溯信息，从产业链终端向始端进行客观分析、判定的过程。生产经营主体应明确追溯产品的流向信息，然后从产业链的终端向始端方向进行回溯。

例如，加工企业的追溯产品为冷冻鳗鱼片，执行的产品标准为NY/T 842—2012《绿色食品 鱼》，流向共包括8个环节，分属于农产品生产经营主体3个、运输单位1个、加工企业4个。对应设立与质量安全有关的信息采集点为8个，组成信息流。水产品加工企业物流和信息流见图2-3。

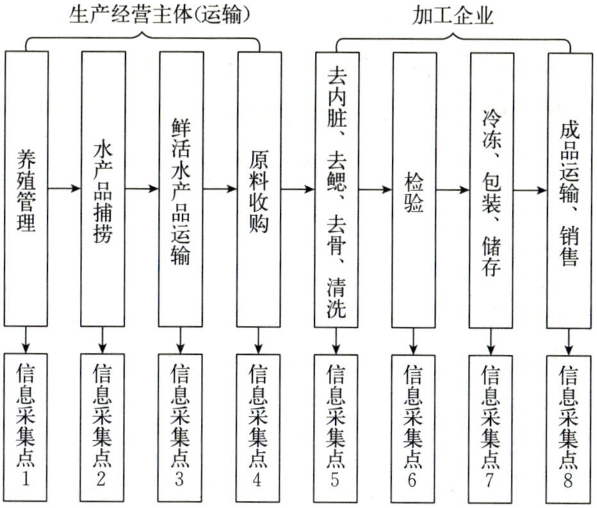

图2-3 水产品加工企业物流和信息流

例如，当某市售冷冻鳗鱼片的型式检验查出其中四环素残留量为0.15 mg/kg，超过 NY/T 842—2012《绿色食品　鱼》中规定的限量0.1 mg/kg时，企业就须实施追溯，步骤如下：

由于四环素超标不会发生在成品运输、销售、包装、储存环节，因此，最后端是检验环节，从信息采集点6查找，发生四环素超标的原因有3个或其中之一：

（1）检验有误　检验有误的主要原因是检验方法应用错误、检验操作不当、检验结果计算错误等。因此，检验方法、人员、操作、仪器、量具和计算等所有影响检验结果的因素应进行规范。如果是检验有误导致的结果偏差，应对样品进行复检，以便确保检验结果的准确性。

（2）检验样本量不足　样本量不足可能导致所检样品合格，而不合格样品未被检到、漏检，从而样品合格不能代表产品合格。因此，抽样时应充分考虑抽样量，使样品的检验结果能代表产品质量。

（3）样品均质不当　样品均质不当可能存在取样部位代表性差、样品混合和均质不准的问题，使本来能代表产品的样品得不到质量均匀的实验室样品，从而导致错误结果。因此，取样时应随机取样，并充分均质化。

鉴于以上原因，责任主体应是相关的抽样或检验人员。

如检验环节无误，则继续向始端回溯至鲜活水产品运输环节的信息采集点3，检查是否在活鱼仓中泼洒过四环素。如有，则鲜活水产品运输环节的单位和个人为责任主体。

若以上环节均没有问题，则继续向始端回溯至养殖环节的信息采集点1。造成四环素残留的主要原因可能是在休药期内捕捞或养殖人员未执行规定的使用量、使用方法，造成四环素残留超标。

实施质量安全追溯的目的是查找质量安全问题的原因，明确其责任主体，并针对性地改进工作，提高可追溯产品的质量安全水平。

二、机构或人员

【标准原文】

4.2　机构或人员

建立追溯体系的水产品生产企业（组织或机构）应指定机构或人员负责追溯的组织、实施、管理，人员应经培训合格，且相对稳定。

【内容解读】

设立机构或指定人员是从组织上保证农产品质量安全追溯工作顺利进

行的重要举措。具备一定规模的生产经营主体应设置专门机构（如质量安全追溯办公室）或指定专门人员负责组织、管理追溯工作；规模较小的生产经营主体应指定专门人员负责农产品质量安全追溯工作的实施。

1. 机构或人员的职责

机构或人员的职责应满足以下要求：

（1）职责明确　依据农产品质量安全追溯的要求，将整个工作（制度建设、业务培训、追溯系统网络建设、系统运行与管理、信息采集及管理等）分解到各个部门，落实到每个工作人员。职责既不可空缺，也不可重复，以便查找问题以及责任界定。例如，生产记录表格的设计定稿、填写人员等，都应明确责任主体。一旦发生不可追溯，若是由记录人员的填写错误所致，则由记录人员负责；若是记录表格缺少应有项目致使追溯中断，则由设计定稿人员负责。再如，为保证培训效果以及培训的针对性，培训时应明确培训计划、授课人、授课对象等。若存在工作人员操作不当或操作不熟练的现象，培训计划有操作相关内容，且听课人在培训签到表上签字，则工作人员对此负责；若培训计划有操作相关内容，授课人培训时未对该部分内容进行充分讲解，导致听课人未能充分理解，则授课人对此负责，并进行重新培训；若培训计划中未列入该内容，则培训计划制订人对此负责。总之，职责明确是保证质量安全追溯工作顺利进行的关键。

（2）人员到位　追溯工作分解到人时，应将全部工作明确分给每个工作人员。工作分解到人可以有 2 种表示方式：

① 明确规定某职务担任某项工作。这种定岗定责方式的优点是，当发生人员变动时，只要该职务不废除，谁承担该职务，谁就承担该工作，不至于由于人员变动导致无人接手相关工作的局面，从而影响追溯工作的有效衔接。

② 明确担任某项工作人员的姓名。这种表示方式的好处是直观，但当发生人员变动时，需及时修改相关任命文件。

2. 工作计划

（1）工作计划的制订　农业生产经营主体在制订工作计划时应根据自身生产实际，将全部质量安全追溯工作内容纳入计划、统筹考虑，并确定执行时间（依据轻重缓急和任务难易可按周、月或季执行）、执行机构或人员、执行方式等。

（2）工作计划的执行　执行工作计划时，应记录执行情况，包括内容、执行部门或人员、执行时间和地点、完成及改进情况等。

（3）工作计划的监管检查　监管检查时，应形成检查报告，包括检查机构或人员、检查时间、检查内容、检查结果，以便后续改进。

3. 信息采集、上报、核实和发布

由于信息采集人员是接触信息的一线人员，其采集信息的真实性、完整性直接影响追溯工作的顺利进行。因此，在指定机构或人员负责追溯工作的文件中应明确信息采集人员，以便在出现问题时直接找到相关责任人。信息采集人员对信息记录的真实性、完整性负责。

三、设备和软件

【标准原文】

4.3　设备和软件

建立追溯体系的水产品生产企业（组织或机构）应配备必要的计算机、网络设备、标签打印机、条码读写设备等，相关软件应满足追溯要求。

【内容解读】

1. 计算机等电子设备

计算机等电子设备是农产品质量安全追溯的重要组成部分，是快速、有效地进行信息采集、信息处理、信息传输和信息查询的信息化工具，普遍应用于农产品质量安全追溯中。计算机见图2-4。

2. 移动数据采集终端（PDA、手持终端、手持机等）

移动数据采集终端是快速、高效、便携的电子设备，它可用于产业链过程中各环节电子信息的采集，如水产品养殖和捕捞、投入品、运输、销售信息的采集等。移动数据采集终端见图2-5。

图2-4　计算机

图2-5　移动数据采集终端

3. 工控机

工控机是用于特殊环境下的信息化工具，如水产品加工车间等。它与普通计算机的差别如下：

（1）外观 普通计算机机箱是开放、不密封的，表面上有较多散热孔，有一个电源风扇向机箱外吹风散热。而工控机机箱则是全封闭的，所用的板材较厚，更结实，重量比普通计算机重得多，可以防尘，还可屏蔽环境中电磁等对内部的干扰。机箱内有一个电源风扇，可保持机箱内更大的正压强风量。

（2）结构 相对于普通计算机，工控机有一个较大的母板，有更多的扩展槽，CPU 主板和其他扩展板插在其中，这样的母板可以更好屏蔽外界干扰。同时，电源用的电阻、电容和电感线圈等元器件级别更高，具有更强的抗冲击、抗干扰能力，带载容量也大得多。工控机见图 2-6。

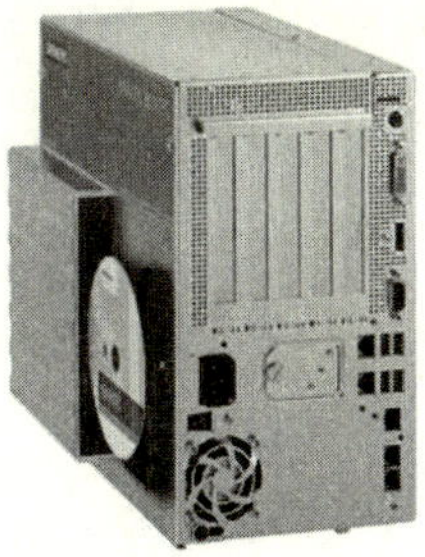

图 2-6 工控机

4. 网络设备

网络设备的合理运用可保证网络通信的有效和畅通。应建立有效的通信网络，使各信息采集点的信息传递渠道畅通。可采用以下 4 种方式：

① 通过 ADSL 上网。

② 通过光纤方式上网。

③ 建立局域网。对于在一栋建筑物内、信息交换比较频繁的场所，应建立局域网，实现实时共享，减少各采集点数据导入、导出等操作。

④ 无线上网。对于不具备以上条件，信息交换又比较频繁的场所，应采用此方式。

5. 标签打印机

追溯产品为预包装食品，且包装容器（如纸箱等）利于粘贴标签，则应配备标签打印机。标签打印机数量根据生产经营主体日产量、日包装量和日销售量等生产实际情况配置。在条件允许情况下，生产经营主体宜配置一台备用机，以应对突发状况。标签打印机见图 2-7。

6. 喷码机或激光打码机

喷码机是运用带电的墨水微粒，根据高压电场偏转的原理，可在各种不同材质的包装表面上非接触地喷印图案、文字和代码。喷码机机型多样，有小字符系列（见图 2-8）、高清晰系列、大字符系列等。当追溯产品包装为塑料袋等不适宜粘贴标签的，如袋装冷冻开背鲈鱼等，应配备喷码机。

激光打码机使用软件偏转激光束，利用激光的高温直接烧灼需标识的产品表面，形成图案、文字和代码。与普通的墨水喷码机相比，激光打码机的优点主要如下：

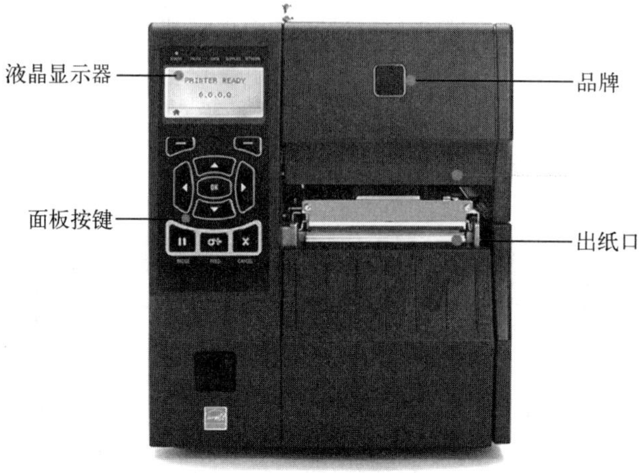

图 2-7　标签打印机

① 降低生产成本，减少耗材，提高生产效率。

② 防伪效果明显，可以有效地抑制产品的假冒标识。

③ 能在极小的范围内打印大量数据，打印精度高，打码效果好且美观。

④ 设备稳定度高，可 24 h 连续工作，激光器免维护时间长达 2 万 h 以上。温度适应范围宽（5～45 ℃）。

⑤ 激光打码机是环保型高科技产品，具有环保、安全等特点，不产生任何对人体和环境有害的化学物质。

激光打码机见图 2-9。

图 2-8　小字符喷码机

图 2-9　激光打码机

当追溯产品采用塑料包装时，塑料封口机可与喷码机或激光打码机组成一体机，以便于操作和打印计数。

7. 条码识别器（又称条码阅读器、条码扫描器）

条码是将线条与空白按照一定的编码规则组合起来的符号，用以代表一定的字母、数字等资料。在进行识别时，是用条码识别器扫描，得到一组反射光信号。此信号经光电转换后变为一组与线条、空白相对应的电子信号，经解码后还原为相应的数字和文字，然后传入计算机。条码识别器可用于条码（即一维条码）和二维码（即二维条码）。一维条码识别器示例见图 2-10，二维条码识别器见图 2-11。

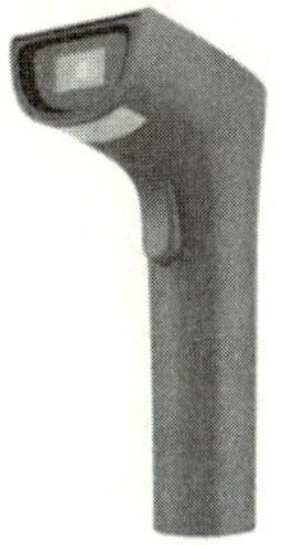

图 2-10 一维条码识别器

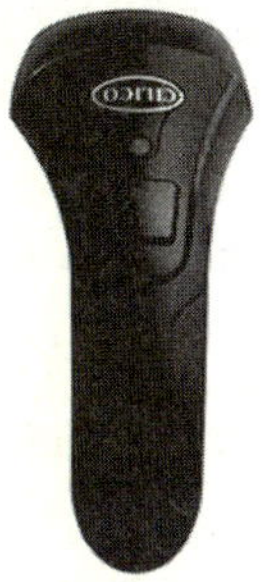

图 2-11 二维条码识别器

8. 软件

软件系统的科学合理性直接关系质量安全追溯工作的成效。软件系统的开发设计应以生产实际需求为导向，采用多层架构和组件技术，形成从田间记录到市场监管一套完整的农产品质量安全追溯信息系统。软件系统定制时，生产、加工过程中各投入品的使用以及产品检测等为必须定制项目；其他不影响产品质量安全的环节，则可选择性定制。同时，软件系统应满足其追溯精度和追溯深度的要求。

四、管理制度

【标准原文】

4.4 管理制度

建立追溯体系的水产品生产企业（组织或机构）应制定产品质量追溯工作规范、质量追溯信息系统运行及设备使用维护制度、追溯信息管理制度、产品质量控制方案等相关制度，并组织实施。

【内容解读】

标准原文所述的 4 个方面制度内容是质量安全追溯的基本内容，还可增加其他制度实施管理。产品质量追溯工作规范规定质量安全追溯的总体要求，设计质量安全追溯内容的总体管理。质量追溯信息系统运行及设备使用维护制度是实施质量安全追溯的基本条件，为保证信息系统高效、准确运行而应采取的日常管理和维护方法。追溯信息管理制度是实施质量安全追溯的基本条件，包括电子信息和纸质信息的采集内容、方式、传输。产品质量控制方案是为了保证追溯产品的质量安全，而建立的一个系统方案。

【实际操作】

质量追溯信息系统运行及设备使用维护制度可以与追溯信息管理制度合并成一个制度叙述。以下叙述制度的管理和内容。

1. 管理制度

管理是社会组织中，为了实现既定目标，以人为中心进行的控制与协调活动。生产经营主体为了不同的目标实施不同的管理模式，如新中国成立初期实施过“全面质量控制”（TQC），而当今又有“危害分析与关键控制点”（HACCP）等。为规范农产品质量安全追溯的实施，保障追溯体系的运行，同样需要制定一套管理制度。它与其他企业管理有共性，也有个性。生产经营主体实施质量安全追溯管理是建立在以往各种管理模式中积累的经验基础之上的。企业应依托现有基础，认真学习与领会质量安全追溯管理的个性，即与其他管理模式不同的特点，从而制定追溯相关制度。制度管理包括 4 个环节，即制定、执行、检查和改进。

（1）制定　制度文件制定时，应按照“写我所做、写我能做”的要求，涵盖质量安全追溯工作实际的所有内容，并确立明确的目标要求以及达到目标所应采取的措施，包括组织、人员、物质、技术、资金等。制度中所确立的目标应在生产经营主体能力范围内，且是必须达到的目标要求，而不切实际的目标和内容一律不得列入制度文件中，如追溯产品质量控制方案中列出的控制大气污染等。此外，不影响目标实施以及产品质量安全的内容也可以不在制度文件中列出。

（2）执行　指定的机构或人员应按照制度文件执行。当执行过程中发现制度内容与生产经营主体生产实际不符时，应告知相关人员对制度文件进行修订。指定机构或人员执行与否依据执行记录进行判定。

以追溯技术培训为例，追溯技术培训是每个质量安全追溯生产经营主体必须进行的一项工作，同时也是非常重要的一项工作。当执行追溯技术培训这项具体工作时，应有培训计划、培训通知、授课内容、听课人签到及其相关证明材料，培训结束后应有相应的总结。

需要注意的是，因计划属于预先主观意识，执行属于客观行为，在执行过程中允许与计划有所出入、差别。俗话说“计划赶不上变化”，从唯物辩证观点出发，一切以实际为准，以达到预期目标为准。

（3）检查 相关工作结束后，需对执行效果与制度文件中确立的目标进行对比评估，分析不足、总结经验。例如，对追溯技术培训的培训人员相关操作的准确性及熟练性进行检查是否达到预期的效果。

（4）改进 除了规范追溯体系实施、促进追溯理念发展、推广经验外，更重要的是纠正具体实践中发现的问题以及改进制度制定、执行中的不足。例如，追溯技术培训后，若检查时发现培训效果欠佳，仍有部分人员对追溯相关技术不甚理解，则仍需进行再次培训。管理制度的建立是不断发现问题、改进问题的过程。改进不是一劳永逸的，需在后续的工作循环进行制定、执行、检查和改进，直至达成既定目标。

农产品质量安全追溯制度首先要立足于自身的生产实际与需求，同时，还应结合相关部门发布的有关农产品质量安全追溯工作文件。为确保追溯工作的顺利开展，需要制定产品质量追溯工作规范、质量追溯信息系统运行及设备使用维护制度、追溯信息管理制度、产品质量控制方案等制度，以上制度构成了质量安全追溯的最基本制度。此外，还可以制订与制度相配套的工作方案等，如质量安全问题处置规范。质量安全问题处置规范可以放在产品质量安全事件应急预案内，作为其中一个内容叙述。

2. 基本制度

（1）产品质量追溯工作规范 产品质量追溯工作规范作为追溯工作的基本制度，其规范的对象是追溯工作，涉及质量安全追溯的所有工作，管理范畴无论在空间上还是在时间上都更为宽泛。由于有其他 3 个制度，因此它的内容包括其他 3 个制度以外的所有内容，即质量安全追溯的组织机构、人员与职责、制度建设原则与程序、工作计划制订与实施、人员培训、追溯工作监督与自查，以及有关管理、操作、监督部门的职责等。同时，还应注意与其他具体制度性管理文件的相关关系。

（2）质量追溯信息系统运行及设备使用维护制度、追溯信息管理制度 该制度内容包括信息采集点的设置；信息采集内容；传输方式；纸质信息和电子信息安全防护要求；上传时效性要求；专用设备领用、维护记录；系统运行维护；追溯码的组成、代码的含义；标签打印机的维护、标签打印使用记录；有关管理、操作、监督部门的职责等。例如，纸质记录的记录表格设计、记录规范、记录时限、交付电子录入人员时限；电子录入人员的纸质记录审核、软件的确定和应用；备份的设备要求、备份的时限；电子信息安全措施、上传时限。

（3）*产品质量控制方案* 该方案制定时需依据追溯产品的有关法律法规和标准，结合生产经营主体的实际情况。因此，同样是水产品生产经营主体，产品质量控制方案也不尽相同。

在条款内容上，应包括编制依据、适用范围、组织机构与职责、关键控制点设置、控制目标（安全参数和临界值或技术要求）和监控（检验）方法、控制措施、纠偏措施、实施效果检查等内容要求。

在技术内容上，应包括符合生产经营主体生产实际的追溯产品生产工艺流程图；准确合理设置关键控制点、控制目标（安全参数和临界值或技术要求）、监控（检验）方法、控制措施和纠偏措施。其中，纠偏措施应准确、及时，应符合控制目标。

（4）*质量安全问题处置规范* 该制度制定时需依据追溯产品的有关法律法规和标准，结合生产经营主体的实际情况。该制度内容应包括组织机构和应急程序、应急项目、控制措施、质量安全事件处置，以及有关管理、操作、监督部门的职责等。

为了验证质量安全问题处置规范的可行性，需作应急演练。演练的项目是依据产品标准所涉及的质量安全项目。例如，水产品追溯产品可以演练渔药残留、重金属、微生物等。

质量安全问题处置规范的对象应是产品标准规定项目。例如，绿色食品鳗鱼，质量安全问题处置规范对象为重金属（涉及渔业用水、加工用水）、渔药残留（涉及渔药购入、渔药使用、捕捞时间）、微生物（涉及储藏条件）。

第四节　追溯码编码

【标准原文】

5　追溯码编码

按 NY/T 1761 的规定执行。二维码内容可由水产品生产企业（组织或机构）自定义。

一、信息编码

【内容解读】

追溯信息编码是将编码对象赋予具有一定规律（代码段的含义、代码位置排列的顺序、代码的含义、校验码的计算都作出具体规定）、易于电子信息采集设备和人识别处理的符号。因此，农产品质量安全追溯信息编码的内容应包括代码表达的形式（数字或字母）、表示的方法（例如，校验码的计算，农业生产经营主体所用数字或字母的含义，应在农业生产经营主体的工作制度中明确规定，以免误用）。

1. 追溯信息编码用途

（1）对编码对象进行标识　信息编码犹如“身份证”，这样编码就与对象组成了一个唯一性的联系。

（2）对编码对象进行分类　对编码对象进行分类后，便可从编码上看出其属于哪一类。例如，农业生产经营主体属于养殖还是加工，属于初加工还是深加工；产地属于省级、市级或县级。

（3）对编码对象进行识别　确定编码对象的性质，尤其是用于农产品质量安全追溯。

因此，信息编码是实施质量安全追溯的重要前提。信息编码的成功与否直接关系到当前及今后的质量安全追溯。

2. 信息编码原则

（1）唯一性　一个代码仅表示一个对象，一个对象也只有一个代码。

（2）合理性　代码结构应与生产实践相适应。

（3）可扩充性　代码应留有适当的后备容量，以适应不断扩充的需要。常用数字 0 作为后备代码，其他数字都可定义含义。而容量的大小取决于生产实践。例如，产品代码，现有 5 种产品，用 1～5 表示。若企业考虑将增加到数十种，则产品代码段为 2 位，现有产品代码用 01～05。

（4）简明性　代码结构应尽量简单，长度尽量短，尤其是预留位宜少不宜多，便于信息录入，减少差错率，减少存储容量。

（5）适用性　代码尽可能反映编码对象的特征，如生产时间的代码取 6 位，分别用 2 位表示年、月、日，而不是 8 位（年用 4 位，月、日分别用 2 位）。但有的代码没有实际意义。

（6）规范性　编码时应按统一规定进行编码。参与国际贸易的，应用 EAN・UCC 系统；用于农产品质量安全追溯的，按农业农村部规定的编码结构实施。

3. 信息编码形式

追溯信息编码是农产品质量安全追溯信息查询的唯一代码。当农业生产经营主体完成生产时，必须同时完成农产品质量安全追溯信息编码。农产品质量安全追溯信息代码可由产业链中各工艺段的代码组合而最终形成；也可以无工艺段代码，形成最终追溯产品时一次形成。其形式有以下 3 种：

① 采用 GB/T 16986—2018《商品代码　应用标识符》中 EAN・UCC 系统应用标识符。应用标识符是标识数据含义与格式的符号。例如，

全球贸易项目代码用 AI（01）表示；格式 N2+N14 表示标识符中有 2 位数字，即 01；代码有 14 位数字，由农业生产经营主体自定。数据段名称为 GTIN（Global Trade Item Number 的简称，即全球贸易项目代码）。EAN·UCC 应用标识符的含义、格式及数据名称见表 2-3。

表 2-3　EAN·UCC 应用标识符的含义、格式及数据名称

AI	含义	格式	数据名称
00	系列货运包装箱代码	N2+N18	SSCC
01	全球贸易项目代码	N2+N14	GTIN
02	物流单元内贸易项目的 GTIN	N2+N14	CONTENT
10	批号	N2+X...20	BATCH/LOT
11	生产日期（YYMMDD）	N2+N6	PROD DATE
13	包装日期（YYMMDD）	N2+N6	PACK DATE
17	有效期（YYMMDD）	N2+N6	USE BY 或 EXPIRY
241	客户方代码	N3+X...30	CUST. PART NO.
410	交货地全球位置码	N3+N13	SHIP TO LOC
412	供货方全球位置码	N3+N13	PURCHASE FROM
422	贸易项目原产国（地区）	N3+N3	ORIGIN
423	贸易项目初始加工国家（地区）	N3+N3+N...12	COUNTRY−INITIAL PROCESS
424	贸易项目加工国家（地区）	N3+N3	COUNTRY−PROCESS
426	全程加工贸易项目的国家（地区）	N3+N3	COUNTRY−FULL PROCESS
7002	胴体肉与分割产品分类	N4+X...30	MEAT CUT
8008	产品生产日期与时间	N4+N8+N...4	PROD TIME
91～99	公司内部信息	N2+X...90	INTERNAL

注：N 为数字字符，X 为字母、数字字符。

② 以批次编码作为农产品质量安全追溯信息编码。

③ 农业生产经营主体自定义的追溯信息编码，如二维码。

4. 校验码的计算方法

校验码位于追溯码的最后一位，它的作用是检验追溯码中各个代码是否准确，即用各个代码的不同权数加和及与 10 的倍数相减，获得一位数字。农业生产经营主体自行完成或请编码公司完成的编码，都应将校验码计算的软件应用到标签打印机中。校验码的计算如下：

（1）确定代码位置序号　代码位置序号是包括校验码在内的，从右向左的顺序号。因此，校验码的序号为 1。

（2）计算校验码　按以下步骤计算校验码：

① 从代码位置序号 2 开始，所有偶数位数字代码求和。

② 将以上偶数位数字代码的和乘以 3。

③ 从代码位置序号 3 开始，所有奇数位数字代码求和。

④ 将偶数位数字代码和乘以 3 的乘积与奇数位数字代码和相加。

⑤ 用大于或等于④中得出的相加数且为 10 最小整数倍的数减去该相加数，即校验码数值。校验码计算示例见表 2-4。

表 2-4 校验码计算示例

<table>
<tr><th>计算步骤</th><th colspan="14">举例说明</th></tr>
<tr><td rowspan="2">从右向左顺序编号</td><td>位置序号</td><td>13</td><td>12</td><td>11</td><td>10</td><td>9</td><td>8</td><td>7</td><td>6</td><td>5</td><td>4</td><td>3</td><td>2</td><td>1</td></tr>
<tr><td>代码</td><td>6</td><td>9</td><td>0</td><td>1</td><td>2</td><td>3</td><td>4</td><td>5</td><td>6</td><td>7</td><td>8</td><td>9</td><td>X</td></tr>
<tr><td>从序号 2 开始，所有偶数位数字代码求和</td><td colspan="14">9+7+5+3+1+9=34</td></tr>
<tr><td>偶数位数字代码的和乘以 3</td><td colspan="14">34×3=102</td></tr>
<tr><td>从序号 3 开始，所有奇数位数字代码求和</td><td colspan="14">8+6+4+2+0+6=26</td></tr>
<tr><td>将偶数位数字代码和乘以 3 的乘积与奇数位数字代码和相加</td><td colspan="14">102+26=128</td></tr>
<tr><td>用大于或等于步骤④中得出的相加数，且为 10 最小整数倍的数减去该相加数，即校验码数值</td><td colspan="14">130−128=2，即 X=2</td></tr>
</table>

二、养殖环节

【内容解读】

1. 产地编码

NY/T 1761—2009 中“5.2.2.2 产地编码”规定，“编码方法按 NY/T 1430《农产品产地编码规则》的规定执行。国有农场产地编码采用 31100+全球贸易项目代码+7 位地块（圈、舍、池或生产线）代码组成。地块（圈、舍、池或生产线）代码采用固定递增格式层次码，第一位和第二位代表管理区代码，第三位和第四位代表生产队代码，第五位至第七位代表地块（圈、舍、池或生产线）顺序代码。”

NY/T 1761 中引用的 NY/T 1430—2007 详细规定了农产品产地单元

划分原则、产地编码规则、产地单元数据要求。

农产品产地单元是指根据农业管理的需要，按照一定原则划分的、边界清晰的多边形农产品生产区域。

产地单元划分应遵循以下原则：

法定基础原则：应基于法定的地形测量数据进行；

属地管理原则：产地单元的最大边界为行政村的边界，不应跨村分割；

地理布局原则：按照农产品产地中的沟渠、河流、湖泊、山丘、道路等地理布局进行划分；

相对稳定原则：宜保持相对稳定，不宜经常调整；

因地制宜原则：应根据不同地区的特点和发展要求进行划分。

农产品产地单元在时间和空间定义上应有唯一的编码。产地单元变更时，其源代码不应占用，变更后的农产品产地单元按照原有编码规则进行扩展。

NY/T 1430—2007 中规定：农产品产地代码由 20 位数字组成，农产品产地代码结构示例见图 2 - 12。

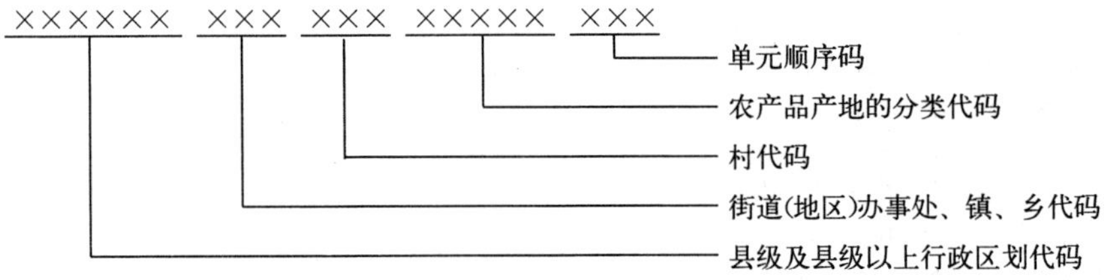

图 2 - 12　农产品产地代码结构示例

农产品产地编码宜采用十进位的数字码，应在质量追溯信息系统运行及设备使用维护制度、追溯信息管理制度中写明代码的含义，数字码便于信息化运行，不应采用字母码或汉字。其产地地块编码档案应与养殖的水产品种类相对应，其内容信息可以使用汉字，至少应包括养殖区域、面积、产地环境等。

“全球贸易项目代码”应用标识符在 EAN・UCC 系统中以 AI（01）表示。EAN・UCC 系统是由国际物品编码协会（GS1）和美国统一代码委员会（UCC）共同开发、管理和维护的全球统一和通用的商业语言，为贸易产品与服务（即贸易项目）、物流单元、资产、位置以及特殊应用领域等提供全球唯一的标识。

“7 位地块（圈、舍、池或生产线）代码”采用的是固定递增格式层次码，类似图 2 - 12 介绍的农产品产地代码结构示例编码方式。在这 7 位代码段中，前两位代表“管理区代码”，如该国有农场共有 10 个管理区，则可将数字代码 01～10 分别表示 10 个管理区；中间两位代表“生产队代码”，如该国有农场某个管理区有 5 个生产队，则可将这 5 个生产队分别用数字代码 01～05 表示；后三位代表“地块（圈、舍、池或生产线）顺序代码”，宜采用十进位数字模式按地块（圈、舍、池或生产线）排列顺序编码。地块划分应以水产品养殖品种、地理位置、所属单位或养殖户等特性相对一致的最大地理区域为同一编码。

2. 养殖者编码

生产、管理相对统一的养殖户、养殖组统称为养殖者，应对养殖者进行编码，并建立养殖者编码档案。养殖者编码档案至少包括以下信息：姓名或户名、组名、养殖区域、养殖面积、养殖品种。

养殖者编码可以用数字按其居住位置或姓名罗马字母排列顺序编写，养殖者姓名应为居民身份证所示姓名；组名、养殖区域、养殖品种用数字或字母编码。养殖面积应体现亩或公顷的数字代码。

3. 捕捞者编码

生产、管理相对统一的捕捞户、捕捞组统称为捕捞者，应对捕捞者进行编码，并建立编码档案。编码档案至少包括以下信息：捕捞者姓名或户名、组名、捕捞数量、捕捞区域、捕捞面积、捕捞品种。捕捞者编码可以用数字按其居住位置或姓名罗马字母排列顺序编写，捕捞户姓名应为居民身份证所示姓名；组名、捕捞区域、捕捞品种用数字或字母码编码。捕捞面积、捕捞质量用数字代码。

【实际操作】

1. 产地编码

(1) *产地县级及以上行政区划代码* 县级及县级以上行政区划代码包括数字代码和字母代码。

① 数字代码（简称数字码）。按照 GB/T 2260—2007/XG1—2016《中华人民共和国行政区划代码》及第 1 号修改单规定，采用 3 层 6 位的层次码结构：每个层次有 2 位数字，按层次从左到右的顺次分别表示我国各省（自治区、直辖市、特别行政区）、市（地区、自治州、盟）、县（自治县、县级市、旗、自治旗、市辖区、林区、特区）。数字码码位结构从左至右的具体含义是：

第一层，即前两位代码表示省、自治区、直辖市、特别行政区（省、自治区、直辖市、特别行政区代码表见表 2 - 5）；

表 2-5 全国省级（省、自治区、直辖市、特别行政区）代码表

名称	罗马字母拼写	数字代码	字母代码
北京市	Beijing Shi	110000	BJ
天津市	Tianjin Shi	120000	TJ
河北省	Hebei Sheng	130000	HE
山西省	Shanxi Sheng	140000	SX
内蒙古自治区	Nei Mongol Zizhiqu	150000	NM
辽宁省	Liaoning Sheng	210000	LN
吉林省	Jilin Sheng	220000	JL
黑龙江省	Heilongjiang Sheng	230000	HL
上海市	Shanghai Shi	310000	SH
江苏省	Jiangsu Sheng	320000	JS
浙江省	Zhejiang Sheng	330000	ZJ
安徽省	Anhui Sheng	340000	AH
福建省	Fujian Sheng	350000	FJ
江西省	Jiangxi Sheng	360000	JX
山东省	Shandong Sheng	370000	SD
河南省	Henan Sheng	410000	HA
湖北省	Hubei Sheng	420000	HB
湖南省	Hunan Sheng	430000	HN
广东省	Guangdong Sheng	440000	GD
广西壮族自治区	Guangxi Zhuangzu Zizhiqu	450000	GX
海南省	Hainan Sheng	460000	HI
重庆市	Chongqing Shi	500000	CQ
四川省	Sichuan Sheng	510000	SC
贵州省	Guizhou Sheng	520000	GZ
云南省	Yunnan Sheng	530000	YN
西藏自治区	Xizang Zizhiqu	540000	XZ
陕西省	Shaanxi Sheng	610000	SN
甘肃省	Gansu Sheng	620000	GS
青海省	Qinghai Sheng	630000	QH
宁夏回族自治区	Ningxia Huizu Zizhiqu	640000	NX
新疆维吾尔自治区	Xinjiang Uygur Zizhiqu	650000	XJ

（续）

名称	罗马字母拼写	数字代码	字母代码
台湾	Taiwan Sheng	710000	TW
香港特别行政区	Hongkong Tebiexingzhengqu	810000	HK
澳门特别行政区	Macau Tebiexingzhengqu	820000	MO

第二层，即中间两位代码表示市、地区、自治州、盟、直辖市所辖市辖区/县汇总码、省（自治区）直辖县级行政区划汇总码，其中：

——01～20、51～70 表示市；01、02 还表示直辖市内的直辖区或直辖县的汇总码；

——21～50 表示地区、自治州、盟；

——90 表示省（自治区）直辖县级行政区汇总码。

第三层，即后两位代码表示县、自治县、县级市、旗、自治旗、市辖区、林区、特区，其中：

——01～20、51～80 表示市辖区、地区（自治州、盟）辖县级市、市辖特区以及省（自治区）直辖县级行政区划中的县级市，01 一般不被市辖区使用；

——21～50 表示县、自治县、旗、自治旗、林区；

——81～99 表示省（自治区）辖县级市。

例如，黑龙江省佳木斯市桦南县对应的行政区划代码为 230822。

② 字母格式代码（简称字母码）。GB/T 2260—2007/XG1—2016 规定，行政区划字母码要遵循科学性、统一性、实用性的编码原则，参照县及县以上行政区划名称的罗马字母拼写，取相应的字母编制。具体操作如下：

——省、自治区、直辖市、特别行政区的字母码用 2 位大写字母表示；

——市、地区、自治州、盟、自治县、县级市、旗、自治旗、市辖区、林区、特区用 3 位大写字母表示。

行政区划名称的罗马字母拼写一般采用汉语地名的罗马字母拼写，但当行政区划名称以蒙古语、维吾尔语、藏语命名时，其行政区划名称的罗马字母拼写执行相应的民族语言音译转写规定；台湾地区和香港特别行政区、澳门特别行政区的罗马字母拼写遵循国家有关规定；当行政区划名称中含有民族名称时，该民族名称的罗马字母拼写执行 GB/T 3304—1991《中国各民族名称的罗马字母拼写法和代码》的规定执行。

市级和县级的代码表以上海市所辖区县为例，上海市（310000 SH）

代码表见表 2-6。

表 2-6　上海市（310000　SH）代码表

名称	罗马字母拼写	数字代码	字母代码
市辖区	Shixiaqu	310100	
黄浦区（新）	Huangpu Qu	310101	HGP
徐汇区	Xuhui Qu	310104	XHI
长宁区	Changning Qu	310105	CNQ
静安区（新）	Jing’an Qu	310106	JAQ
普陀区	Putuo Qu	310107	PTO
虹口区	Hongkou Qu	310109	HKQ
杨浦区	Yangpu Qu	310110	YPU
闵行区	Minhang Qu	310112	MHQ
宝山区	Baoshan Qu	310113	BSQ
嘉定区	Jiading Qu	310114	JDG
浦东新区	Pudong Xinqu	310115	PDX
金山区	Jinshan Qu	310116	JSH
松江区	Songjiang Qu	310117	SOJ
青浦区	Qingpu Qu	310118	QPU
奉贤区	Fengxian Qu	310120	FXI
崇明区	Chongming Qu	310151	CMI

（2）*产地县级以下行政区划代码*　依据 GB/T 10114—2003《县级以下行政区划代码编制规则》，县级以下行政区划代码采用 2 层 9 位的层次码结构。县级以下行政区划代码示列见图 2-13。

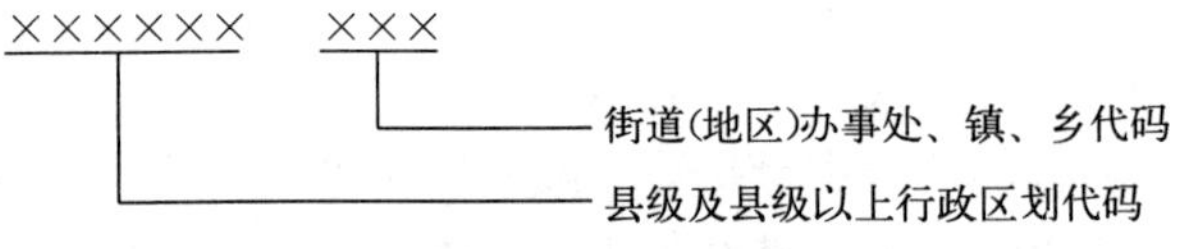

图 2-13　县级以下行政区划代码示例

注：1. 县级以下行政区划代码应按隶属关系和上述“001～399”代码所代表的区划类型，统一排序后进行编码；

2. 在编制县级以下行政区划代码时，当只表示县及县以上行政区划时，仍然采用 2 层 9 位的层次码结构，此时图中所示代码结构中的第 2 段应为 3 个数字 0，以保证代码长度的一致性。

第一层代表县级及县级以上行政区划代码，由6位数字组成；第二层表示县级以下行政区划代码——街道（地区）办事处、镇、乡代码（第2段3位代码），采用3位数字组成，具体划分为：

——001～099表示街道（地区）；

——100～199表示镇（民族镇）；

——200～399表示乡、民族乡、苏木（苏木作为内蒙古自治区的基层行政区域单位，在本标准中按乡来对待）

县级以下行政区划代码表见表2-7。

表2-7 县级以下行政区划代码表

名称	代码
……	……
××市	××××00000
市辖区	××××01000
××区	××××××000
××街道（或地区）	××××××001
……	……
××镇（或民族镇）	××××××1××
……	……
××乡（或民族乡、苏木）	××××××2××
……	……
××市（县级）	××××××000
××街道	××××××001
……	……
××镇（或民族镇）	××××××1××
……	……
××乡（或民族乡、苏木）	××××××2××
……	……
××县	××××××000
××街道	××××××001
……	……
××镇（或民族镇）	××××××1××
……	……
××乡（或民族乡、苏木）	××××××2××
……	……

对于不属于行政区划范畴的政企合一单位（农场、林场、牧场等），当需要对其所在区域进行编码时，可参照 GB/T 10114—2003。第一层代表县级及县级以上行政区划代码，由 6 位数字组成；第二层表示该牧场或农场，在 001～399 以外采用 3 位数字。具体信息可在 http：//www.mca.gov.cn/article/sj/（中华人民共和国民政部-民政数据-行政区划代码）查询。

例如，黑龙江省佳木斯市桦南县曙光农场的行政区划代码为：230822500。

（3）第 3～5 段代码

① 村代码。第 3 段为村代码，由所属乡镇进行编订。具体信息可在 http：//www.mca.gov.cn/article/sj/（中华人民共和国民政部-民政数据-行政区划代码）查询。

例如，黑龙江省佳木斯市桦南县明义乡团结村的行政区划代码为：230822214216。

② 农产品产地的分类代码。第 4 段为农产品产地属性代码，依据 GB/T 13923—2006《基础地理信息要素分类与代码》中规定的编码结构和要素分类，编码结构表见表 2-8。

表 2-8 编码结构表

码位	类别
6 位编码	大类（1 位码）
	中类（1 位码）
	小类（2 位码）
	子类（2 位码）

③ 单元顺序码。第 5 段为单元顺序码，具体由其所属行政村编订。

（4）国有农场产地编码　NY/T 1761 中“5.2.2.2 产地编码”对国有农场产地编码方法有特殊规定，国有农场产地编码采用 31100＋全球贸易项目代码＋7 位地块（圈、舍、池或生产线）代码组成。地块（圈、舍、池或生产线）代码采用固定递增格式层次码，第 1 位和第 2 位代表管理区代码，第 3 位和第 4 位代表生产队代码，第 5～7 位代表地块顺序代码。

国有农场产地编码应由 14 位代码组成，国有农场产地编码结构示例见图 2-14。

养殖环节产地编码档案信息记录表见表 2-9。

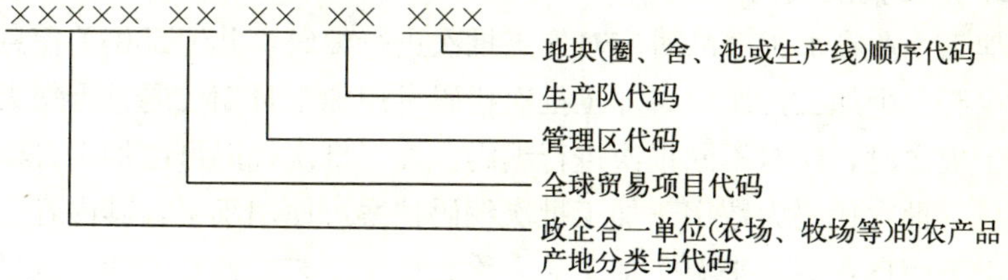

图 2-14 国有农场产地编码结构

表 2-9 产地编码档案信息记录表

行政区划代码	产地分类代码	养殖区域	池塘编号	养殖者	养殖品种	养殖面积

2. 养殖者编码

养殖者（户、组）编码档案信息记录表见表 2-10。

表 2-10 养殖者（户、组）编码档案信息记录表

编码	姓名（户名、组名）	养殖区域	养殖面积	养殖品种

3. 捕捞者编码

捕捞者编码档案信息记录表见表 2-11。

表 2-11 捕捞者编码档案信息记录表

编码	姓名（户名、组名）

二、加工环节

【内容解读】

1. 收购批次编码

加工企业在收购原料时应对收购批次进行编码，并记录相关信息。当每天仅有一个收购批次时，收购批次代码可用收购日期代码；当每天有多个收购批次时，应对不同批次进行编码。收购批次代码可由收购日期加批次组成，批次代码为数字。收购批次编码档案可使用汉字，其内容应至少包括以下信息：收购数量、原料来源、收购标准等。

2. 加工批次编码

加工企业在加工产品时应对加工批次进行编码，并记录相关信息。当每天仅有一个加工批次时，加工批次代码可用加工日期代码；当每天有多个加工批次时，应对不同批次进行编码。加工批次代码可由加工日期加批次组成，批次代码为数字。加工批次编码档案可使用汉字，其内容应至少包括以下信息：原料来源、加工品名称、加工工艺或代号、加工数量等。

3. 包装批次编码

加工企业在包装产品时应对包装批次进行编码，并记录相关信息。当每天仅有一个包装批次时，包装批次代码可用包装日期代码；当每天有多个包装批次时，应对不同批次进行编码。包装批次代码可由包装日期加批次组成，批次代码为数字。包装批次编码档案可使用汉字，其内容应至少包括以下信息：产品名称、产品检测结果、等级、包装数量等。

4. 产品代码

产品代码是追溯码中重要组成部分，可采用 2 位数字码，即使产品品种不满 10 个，为了考虑今后品种的增加，可设立 2 位数字码，个位数字是现行产品品种代码，十位数字为“0”，作为预留品种代码。

（1）产品代码编制原则

① 唯一性原则。对同一商品项目的产品应给予相同的产品标识代码。基本特征（主要包括商品名称、商标、种类、规格、数量、包装类型等）相同的商品视为同一商品项目。对不同商品项目的产品应给予不同的产品标识代码。

② 无含义性原则。产品代码中的每一位数字不表示任何与商品有关的特定信息。

③ 稳定性原则。产品代码一旦被分配，只要产品基本特征没变化，就应保持不变。

（2）水产品代码　依据 GB/T 7635.1—2002《全国主要产品分类与代码　第 1 部分：可运输产品》，鱼和其他渔业产品分类代码表见表 2-12。

表 2-12　鱼和其他渔业产品分类代码表

代码	产品名称	说明
04	鱼和其他渔业产品	
041	活、鲜、冰鲜的鱼类	
0411	活鱼	

（续）

代码	产品名称	说明
04111	活海水鱼	
04111·010 ～·019	文昌鱼目、盲鳗目、七鳃鳗目、银鲛目鱼类	
04111·011	文昌鱼	
04111·014	银鲛	
04111·020 ～·049	鲨类	
04111·031	斑竹鲨	
04111·050 ～·069	鳐鲼类	
04111·054	鳐	又称老板鱼
04111·070 ～·079	海鲢目、背棘目鱼类	
04111·073	北梭鱼	
04111·080 ～·099	鳗鲡目鱼类	
……	鳗鲡	见代码 04112·031，包括日本鳗鲡、欧洲鳗鲡、美洲鳗鲡等
……	花鳗鲡	见代码 04112·032
04111·081	康吉鳗	
04111·082	海鳗	
04111·100 ～·129	鲱形目鱼类	
04111·101	鲱	
04111·102	沙丁鱼	
04111·104	鲥	
04111·105	鳓	
04111·114	凤鲚	又称凤尾鱼
04111·130 ～·139	鼠鱚目、鲇形目鱼类	

（续）

代码	产品名称	说明
04111·131	遮目鱼	
04111·140 ～·149	鲑形目、巨口鱼目鱼类	
……	鲑类	见代码 04112·160，包括北鲑、白鲑、大麻哈鱼、虹鳟等
04111·150 ～·169	仙鱼目鱼类	又称灯笼鱼目
04111·155	龙头鱼	
04111·170 ～·179	鳕形目、鼬鳚目、喉盘鱼目鱼类	
04111·171	鳕鱼	包括鳕形目所有种类
04111·210 ～·219	银汉鱼目、月鱼目、海鲂目、刺鱼目、豹鲂鮄目鱼类	
04111·214	刺鱼	
04111·260 ～·289	鲉形目鱼类	
04111·261	平鲉	
04111·262	菖鲉	
04111·263	黑鲪	又称黑头、黑头鱼或黑老婆
04111·264	鬼鲉	
04111·267	六线鱼	
04111·274	杜父鱼	
04111·290 ～·299	鲈形目-锯盖鱼科鱼类	
04111·291	尖吻鲈	
04111·300 ～·349	鲈形目-鮨科鱼类	
04111·305	花鲈	
04111·314	宽额鲈	
04111·316	纵带石斑鱼	

（续）

代码	产品名称	说明
04111·317	云纹石斑鱼	
04111·318	青石斑鱼	
04111·321	赤点石斑鱼	
04111·322	驼背鲈	又称老鼠斑
04111·323	六带石斑鱼	
04111·324	巨石斑鱼	
04111·325	蜂巢石斑鱼	
04111·341	粗尾鲈	
04111·342	菱齿鮨	
04111·349	其他鮨科鱼类	
04111·360 ～·369	鲈形目-大眼鲷科鱼类	
04111·362	长尾大眼鲷	
04111·380 —·389	鲈形目-汤鲤科、寿鱼科、鱚科、方头鱼科、乳香鱼科、军曹鱼科鱼类	
04111·384	方头鱼	
04111·386	军曹鱼	
04111·390 ～·429	鲈形目-鲹科鱼类	
04111·406	鲳鲹	
04111·430 ～·449	鲈形目-鲯鳅科、乌鲳科、眼镜鱼科、蝠科、乌鲂科鱼类	
04111·431	鲯鳅	
04111·432	乌鲳	
04111·435	蝠	
04111·450 ～·469	鲈形目-笛鲷科鱼类	
04111·451	紫红笛鲷	
04111·452	红笛鲷	
04111·455	千年笛鲷	
04111·490	鲈形目-石鲈科鱼类	

（续）

代码	产品名称	说明
～·509		
04111·491	大斑石鲈	
04111·510～·539	鲈形目-鲷科鱼类	
04111·512	真鲷	
04111·515	平鲷	
04111·516	黑鲷	
04111·517	黄鲷	
04111·518	黄鳍鲷	
04111·560～·589	鲈形目-石首鱼科鱼类	
04111·564	黄姑鱼	
04111·565	白姑鱼	
04111·568	鮸鱼	
04111·571	大黄鱼	
04111·572	小黄鱼	
04111·573	梅童鱼	
04111·574	拟红石首鱼	又称美国红鱼
04111·589	其他石首鱼科鱼类	
04111·600～·619	鲈形目-单鳍鱼科、鱼舵科、白鲳科、鸡笼鲳科、金钱鱼科鱼类	
04111·608	金钱鱼	
04111·630～·639	鲈形目-石鲷科、海鲫科、雀鲷科、隆头鱼科、鹦嘴鱼科鱼类	
04111·631	石鲷	
04111·640～·649	鲈形目-鳍科、赤刀鱼科、鲻科鱼类	
04111·643	鲻鱼	
04111·644	黄鲻	
04111·645	鲮鱼	

（续）

代码	产品名称	说明
04111·680	鲈形目-鰕虎鱼亚目鱼类	
～·689		
04111·681	乌塘鳢	
04111·685	大弹涂鱼	
04111·710	鲈形目-鲭科鱼类	
～·729		
04111·712	马鲛	
04111·716	鲣	
04111·718	金枪鱼	
04111·740	鲈形目-鲳亚目鱼类	
～·749		
04111·743	花鲳	
04111·745	银鲳	
04111·800	鲽形目鱼类	
～·819		
04111·802	牙鲆	
04111·803	大菱鲆	
04111·804	鲆	
04111·811	石鲽	
04111·812	鳎	
04111·813	舌鳎	
04111·820	鲀形目鱼类	
～·859		
04111·824	马面鲀	
04111·831	东方鲀	
04112	活淡水鱼	
04112·010	鲟形目-鲟科鱼类	
～·029		
04112·011	中华鲟	
04112·012	施氏鲟	又称七粒浮子

（续）

代码	产品名称	说明
04112·013	长江鲟	又称达氏鲟式沙腊子
04112·014	闪光鲟	
04112·015	俄罗斯鲟	
04112·016	欧洲鲟	
04112·017	小体鲟	
04112·018	杂交鲟	
04112·021	鳇	
04112·022	匙吻鲟	
04112·030 ～·039	鳗鲡目-鳗鲡科鱼类（淡水）	
04112·031	鳗鲡	包括日本鳗鲡、欧洲鳗鲡、美洲鳗鲡
04112·032	花鳗鲡	
04112·039	其他淡水鳗鲡科鱼类	
04112·040 ～·049	鲤形目-胭脂鱼科鱼类	
04112·041	大口胭脂鱼	
04112·050 ～·109	鲤形目-鲤科鱼类	
04112·051	马口鱼	
04112·052	青鱼	
04112·053	草鱼	
04112·054	丁鱥	
04112·055	洛氏鱥	
04112·056	雅罗鱼	
04112·061	赤眼鳟	
04112·062	鳡	
04112·064	白鱼	
04112·065	鳘	
04112·066	铜鱼	

（续）

代码	产品名称	说明
04112·067	圆口铜鱼	
04112·068	红鳍鲌	
04112·071	翘嘴红鲌	
04112·072	鳊鱼	
04112·073	鲂鱼	
04112·074	鲴鱼	
04112·076	倒刺鲃	
04112·077	鲈鲤	
04112·081	白甲鱼	
04112·082	野鲮	
04112·083	鲮	
04112·084	华鲮	
04112·087	墨头鱼	
04112·088	卷口鱼	
04112·091	花䱻	
04112·092	鮈	
04112·093	重唇鱼	
04112·094	裂腹鱼	
04112·096	裸鲤	
04112·097	鲤	
04112·098	鲫	
04112·101	鳙	
04112·102	鲢	
04112·110 ～·119	鲤形目-鳅科鱼类	
04112·111	泥鳅	
04112·119	其他鳅科鱼类	
04112·120 ～·129	淡水鲱亚科鱼类	
……	鲥	见代码 04111·104

（续）

代码	产品名称	说明
……	鲸	见代码 04111·105
……	凤鲚	见代码 04111·114
04112·130 ～·159	鼠鱚目、鲇形目鱼类（淡水）	
……	遮目鱼	见代码 04111·131
04112·131	黄颡鱼	
04112·132	长吻鮠	
04112·133	长臀鮠	
04112·135	鲇	
04112·136	大口鲇	
04112·137	欧洲六须鲇	
04112·138	斑点叉尾鮰	又称沟鲇
04112·143	胡鲇	又称胡子鲶
04112·144	革胡子鲇	
04112·160 ～·179	鲑形目-鲑总科鱼类（淡水）	
04112·162	白鲑	
04112·163	茴鱼	
04112·164	哲罗鲑	
04112·165	红点鲑	
04112·166	虹鳟	
04112·167	大麻哈鱼	
04112·168	细鳞鲑	
04112·189 ～·199	其他淡水鲑形目鱼类	
04112·191	狗鱼	
04112·192	池沼公鱼	
04112·194	香鱼	
04112·195	银鱼	
04112·196	大银鱼	

（续）

代码	产品名称	说明
04112·197	太湖新银鱼	
04112·200 ～·209	合鳃鱼目鱼类	
04112·201	黄鳝	
04112·210 ～·219	脂鲤目鱼类	
04112·211	短盖巨脂鲤	又称淡水白鲳
04112·212	小口脂鲤	又称巴西鲷或南美鲱鱼
04112·220 ～·229	鲉形目-杜夫鱼科鱼类（淡水）	
04112·221	松江鲈	国家级保护动物
04112·230 ～·249	鲇形目-鮨科、鲻科鱼类（淡水）	
04112·233	鳜	
04112·234	河鲈	
04112·235	鲈	
04112·236	大口黑鲈	
……	鲻鱼	见代码 04111·643
……	鲮鱼	见代码 04111·645
04112·250 ～·249	鲇形目-塘鳢科、鰕虎鱼科、鳢科鱼类（淡水）	
04112·251	淡水塘鳢	
04112·252	沙塘鳢	
04112·253	淡水鰕虎鱼	
04112·255	乌鳢	
04112·256	斑鳢	
04112·257	月鳢	
04112·270 ～·279	鲇形目-鲕科、鲷鱼科（淡水）	
04112·271	罗非鱼	

（续）

代码	产品名称	说明
……	黄鳍鲷	见代码 04111·518
04112·299	其他淡水鲇形目鱼类	
04112·270 ～·279	淡水鲽形目、淡水鲀形目鱼类	
……	东方鲀	见代码 04111·831
0412	鲜、冰鲜鱼	
04121	鲜、冰鲜海水鱼	
04121·010 ～·019	文昌鱼目、盲鳗目、七鳃鳗目、银鲛目鱼类（鲜、冰鲜）	
04121·011	鲜、冰鲜文昌鱼	
04121·014	鲜、冰鲜银鲛	
04121·020 ～·049	鲨类（鲜、冰鲜）	
04121·031	鲜、冰鲜斑竹鲨	
04121·050 ～·069	鳐鲼类（鲜、冰鲜）	
04121·054	鲜、冰鲜鳐	
04121·070 ～·079	海鲢目、背棘目鱼类（鲜、冰鲜）	
04121·073	鲜、冰鲜北梭鱼	
04121·080 ～·099	鳗鲡目鱼类（鲜、冰鲜）	
……	鲜、冰鲜鳗鲡	见代码 04122·031
04121·081	鲜、冰鲜康吉鳗	
04121·082	鲜、冰鲜海鳗	
04121·100 ～·129	鲱形目鱼类（鲜、冰鲜）	
04121·101	鲜、冰鲜鲱	
04121·102	鲜、冰鲜沙丁鱼	
04121·104	鲜、冰鲜鲥	

（续）

代码	产品名称	说明
04121·105	鲜、冰鲜鯮	
04121·114	鲜、冰鲜凤鲚	
04121·130～·139	鼠鱚目、鲇形目鱼类（鲜、冰鲜）	
04121·131	鲜、冰鲜遮目鱼	
04121·140～·149	鲑形目、巨口鱼目鱼类（鲜、冰鲜）	
……	鲑类	见代码 04122·160
04121·150～·169	仙鱼目鱼类（鲜、冰鲜）	
04121·155	鲜、冰鲜龙头鱼	
04121·170～·179	鳕形目、鼬鳚目、喉盘鱼目鱼类（鲜、冰鲜）	
04121·171	鲜、冰鲜鳕鱼	
04121·210～·219	银汉鱼目、月鱼目、海鲂目、刺鱼目、豹鲂鮄目鱼类（鲜、冰鲜）	
04121·214	鲜、冰鲜刺鱼	
04121·260～·289	鲉形目鱼类（鲜、冰鲜）	
04121·261	鲜、冰鲜平鲉	
04121·262	鲜、冰鲜菖鲉	
04121·263	鲜、冰鲜黑鲪	
04121·264	鲜、冰鲜鬼鲉	
04121·267	鲜、冰鲜六线鱼	
04121·274	鲜、冰鲜杜夫鱼	
04121·290～·299	鲈形目-锯盖鱼科鱼类（鲜、冰鲜）	
04121·291	鲜、冰鲜尖吻鲈	
04121·300～·349	鲈形目-鮨科鱼类（鲜、冰鲜）	

（续）

代码	产品名称	说明
04121・305	鲜、冰鲜花鲈	
04121・314	鲜、冰鲜宽额鲈	
04121・316	鲜、冰鲜纵带石斑鱼	
04121・317	鲜、冰鲜云纹石斑鱼	
04121・318	鲜、冰鲜青石石斑鱼	
04121・321	鲜、冰鲜赤点石斑鱼	
04121・322	鲜、冰鲜驼背鲈	
04121・323	鲜、冰鲜六带石斑鱼	
04121・324	鲜、冰鲜巨石斑鱼	
04121・325	鲜、冰鲜蜂巢石斑鱼	
04121・341	鲜、冰鲜粗尾鲈	
04121・342	鲜、冰鲜菱齿鮨	
04121・349	鲜、冰鲜其他鮨科鱼类	
04121・360～・369	鲈形目-大眼鲷科鱼类（鲜、冰鲜）	
04121・362	鲜、冰鲜长尾大眼鲷	
04121・380～・389	鲈形目-汤鲤科、寿鱼科、鱚科、方头鱼科、乳香鱼科、军曹鱼科鱼类（鲜、冰鲜）	
04121・384	鲜、冰鲜方头鱼	
04121・386	鲜、冰鲜军曹鱼	
04121・390～・429	鲈形目-鲹科鱼类（鲜、冰鲜）	
04121・406	鲜、冰鲜鲳鲹	
04121・430～・449	鲈形目-鲯鳅科、乌鲳科、眼镜鱼科、鲾科、乌鲂科鱼类（鲜、冰鲜）	
04121・431	鲜、冰鲜鲯鳅	
04121・432	鲜、冰鲜乌鲳	
04121・435	鲜、冰鲜鲾	

（续）

代码	产品名称	说明
04121·450～·469	鲈形目-笛鲷科鱼类（鲜、冰鲜）	
04121·451	鲜、冰鲜紫红笛鲷	
04121·452	鲜、冰鲜红笛鲷	
04121·455	鲜、冰鲜千年笛鲷	
04121·490～·509	鲈形目-石鲈科鱼类（鲜、冰鲜）	
04121·491	鲜、冰鲜大斑石鲈	
04121·510～·539	鲈形目-鲷科鱼类（鲜、冰鲜）	
04121·512	鲜、冰鲜真鲷	
04121·515	鲜、冰鲜平鲷	
04121·516	鲜、冰鲜黑鲷	
04121·517	鲜、冰鲜黄鲷	
04121·518	鲜、冰鲜黄鳍鲷	
04121·560～·589	鲈形目-石首鱼科鱼类（鲜、冰鲜）	
04121·564	鲜、冰鲜黄姑鱼	
04121·565	鲜、冰鲜白姑鱼	
04121·568	鲜、冰鲜鮸鱼	
04121·571	鲜、冰鲜大黄鱼	
04121·572	鲜、冰鲜小黄鱼	
04121·573	鲜、冰鲜梅童鱼	
04121·574	鲜、冰鲜拟红石首鱼	
04121·589	鲜、冰鲜其他石首鱼科鱼类	
04121·600～·619	鲈形目-单鳍鱼科、鱼舵科、白鲳科、鸡笼鲳科、金钱鱼科鱼类（鲜、冰鲜）	

（续）

代码	产品名称	说明
04121・608	鲜、冰鲜金钱鱼	
04121・630 ～・639	鲈形目-石鲷科、海鲫科、雀鲷科、隆头鱼科、鹦嘴鱼科鱼类（鲜、冰鲜）	
04121・631	鲜、冰鲜石鲷	
04121・640 ～・649	鲈形目-𫚥科、赤刀鱼科、鲻科鱼类（鲜、冰鲜）	
04121・643	鲜、冰鲜鲻鱼	
04121・644	鲜、冰鲜黄鲻	
04121・645	鲜、冰鲜鲮鱼	
04121・680 ～・689	鲈形目-鰕虎鱼亚目鱼类（鲜、冰鲜）	
04121・681	鲜、冰鲜乌塘鳢	
04121・685	鲜、冰鲜大弹涂鱼	
04121・710 ～・729	鲈形目-鲭科鱼类（鲜、冰鲜）	
04121・712	鲜、冰鲜马鲛	
04121・716	鲜、冰鲜鲣	
04121・718	鲜、冰鲜金枪鱼	
04121・740 ～・749	鲈形目-鲳亚目鱼类（鲜、冰鲜）	
04121・743	鲜、冰鲜花鲳	
04121・745	鲜、冰鲜银鲳	
04121・800 ～・819	鲽形目鱼类（鲜、冰鲜）	
04121・802	鲜、冰鲜牙鲆	
04121・803	鲜、冰鲜大菱鲆	
04121・804	鲜、冰鲜鲆	
04121・811	鲜、冰鲜石鲽	
04121・812	鲜、冰鲜鳎	
04121・813	鲜、冰鲜舌鳎	

（续）

代码	产品名称	说明
04121·820 ～·859	鲀形目鱼类（鲜、冰鲜）	
04121·824	鲜、冰鲜马面鲀	
04121·831	鲜、冰鲜东方鲀	
04122	鲜、冰鲜活淡水鱼	
04122·010 ～·029	鲟形目-鲟科鱼类（鲜、冰鲜）	
04122·012	鲜、冰鲜施氏鲟	
04122·013	鲜、冰鲜长江鲟	
04122·014	鲜、冰鲜闪光鲟	
04122·015	鲜、冰鲜俄罗斯鲟	
04122·016	鲜、冰鲜欧洲鲟	
04122·017	鲜、冰鲜小体鲟	
04122·018	鲜、冰鲜杂交鲟	
04122·021	鲜、冰鲜鳇	
04122·022	鲜、冰鲜匙吻鲟	
04122·030 ～·039	鳗鲡目-鳗鲡科鱼类（鲜、冰鲜淡水）	
04122·031	鲜、冰鲜鳗鲡	
04122·032	鲜、冰鲜花鳗鲡	
04122·039	鲜、冰鲜其他淡水鳗鲡科鱼类	
04122·040 ～·049	鲤形目-胭脂鱼科鱼类（鲜、冰鲜淡水）	
04122·041	鲜、冰鲜大口胭脂鱼	
04122·050 ～·109	鲤形目-鲤科鱼类（鲜、冰鲜淡水）	
04122·051	鲜、冰鲜马口鱼	
04122·052	鲜、冰鲜青鱼	

（续）

代码	产品名称	说明
04122·053	鲜、冰鲜草鱼	
04122·054	鲜、冰鲜丁鱥	
04122·055	鲜、冰鲜洛氏鱥	
04122·056	鲜、冰鲜雅罗鱼	
04122·061	鲜、冰鲜赤眼鳟	
04122·062	鲜、冰鲜鳡	
04122·064	鲜、冰鲜白鱼	
04122·065	鲜、冰鲜鳘	
04122·066	鲜、冰鲜铜鱼	
04122·067	鲜、冰鲜圆口铜鱼	
04122·068	鲜、冰鲜红鳍鲌	
04122·071	鲜、冰鲜翘嘴红鲌	
04122·072	鲜、冰鲜鳊鱼	
04122·073	鲜、冰鲜鲂鱼	
04122·074	鲜、冰鲜鲴鱼	
04122·076	鲜、冰鲜倒刺鲃	
04122·077	鲜、冰鲜鲈鲤	
04122·081	鲜、冰鲜白甲鱼	
04122·082	鲜、冰鲜野鲮	
04122·083	鲜、冰鲜鲮	
04122·084	鲜、冰鲜华鲮	
04122·087	鲜、冰鲜墨头鱼	
04122·088	鲜、冰鲜卷口鱼	
04122·091	鲜、冰鲜花䱻	
04122·092	鲜、冰鲜鮈	
04122·093	鲜、冰鲜重唇鱼	
04122·094	鲜、冰鲜裂腹鱼	
04122·096	鲜、冰鲜裸鲤	
04122·097	鲜、冰鲜鲤	
04122·098	鲜、冰鲜鲫	

（续）

代码	产品名称	说明
04122・101	鲜、冰鲜鳙	
04122・102	鲜、冰鲜鲢	
04122・110 ～・119	鲤形目-鳅科鱼类（鲜、冰鲜淡水）	
04122・111	鲜、冰鲜泥鳅	
04122・119	鲜、冰鲜其他鳅科鱼类	
04122・120 ～・129	鲱形目-鲱亚科鱼类（鲜、冰鲜淡水）	
……	鲜、冰鲜鲥	
……	鲜、冰鲜鲚	
……	鲜、冰鲜凤鲚	
04122・130 ～・159	鼠鱚目、鲇形目鱼类（鲜、冰鲜淡水）	
……	鲜、冰鲜遮目鱼	见代码 04121・131
04122・131	鲜、冰鲜黄颡鱼	
04122・132	鲜、冰鲜长吻鮠	
04122・133	鲜、冰鲜长臀鮠	
04122・135	鲜、冰鲜鲇	
04122・136	鲜、冰鲜大口鲇	
04122・137	鲜、冰鲜欧洲六须鲇	
04122・138	鲜、冰鲜斑点叉尾鮰	
04122・143	鲜、冰鲜胡鲇	
04122・144	鲜、冰鲜革胡子鲇	
04122・160 ～・179	鲑形目-鲑总科鱼类（鲜、冰鲜淡水）	
04122・162	鲜、冰鲜白鲑	
04122・163	鲜、冰鲜茴鱼	
04122・164	鲜、冰鲜哲罗鲑	

（续）

代码	产品名称	说明
04122·165	鲜、冰鲜红点鲑	
04122·166	鲜、冰鲜虹鳟	
04122·167	鲜、冰鲜大麻哈鱼	
04122·168	鲜、冰鲜细鳞鲑	
04122·189 ～·199	其他淡水鲑形目鱼类（鲜、冰鲜淡水）	
04122·191	鲜、冰鲜狗鱼	
04122·192	鲜、冰鲜池沼公鱼	
04122·194	鲜、冰鲜香鱼	
04122·195	鲜、冰鲜银鱼	
04122·196	鲜、冰鲜大银鱼	
04122·197	鲜、冰鲜太湖新银鱼	
04122·200 ～·209	合鳃鱼目鱼类（鲜、冰鲜淡水）	
04122·201	鲜、冰鲜黄鳝	
04122·210 ～·219	脂鲤目鱼类（鲜、冰鲜淡水）	
04122·211	鲜、冰鲜短盖巨脂鲤	
04122·212	鲜、冰鲜小口脂鲤	
04122·220 ～·229	鲉形目-杜夫鱼科鱼类（鲜、冰鲜淡水）	
04122·221	鲜、冰鲜松江鲈	
04122·230 ～·249	鲇形目-鮨科、鲻科鱼类（鲜、冰鲜淡水）	
04122·233	鲜、冰鲜鳜	
04122·234	鲜、冰鲜河鲈	
04122·235	鲜、冰鲜鲈	
04122·236	鲜、冰鲜大口黑鲈	
……	鲜、冰鲜鲻鱼	见代码 04121·643

（续）

代码	产品名称	说明
……	鲜、冰鲜鲮鱼	见代码 04121·645
04122·250～·249	鲇形目-塘鳢科、鰕虎鱼科、鳢科鱼类（鲜、冰鲜淡水）	
04122·251	鲜、冰鲜淡水塘鳢	
04122·252	鲜、冰鲜沙塘鳢	
04122·253	鲜、冰鲜淡水鰕虎鱼	
04122·255	鲜、冰鲜乌鳢	
04122·256	鲜、冰鲜斑鳢	
04122·257	鲜、冰鲜月鳢	
04122·270～·279	鲇形目-鲡科、鲷鱼科（鲜、冰鲜淡水）	
04122·271	鲜、冰鲜罗非鱼	
……	鲜、冰鲜黄鳍鲷	见代码 04121·518
04122·299	其他淡水鲇形目鱼类（鲜、冰鲜淡水）	
04122·270～·279	淡水鲽形目、淡水鲀形目鱼类（鲜、冰鲜淡水）	
……	鲜、冰鲜东方鲀	见代码 04121·831
042	未冷冻的甲壳类动物；牡蛎；其他活、鲜、冰鲜的水生无脊椎动物	
0421	未冷冻的甲壳类动物	
04211·011	未冷冻的虾类	
04211·014	中国对虾	
04211·015	长毛虾	
04211·016	墨吉对虾	
04211·017	日本对虾	
04211·018	斑节对虾	
04211·022	南美白对虾	
04211·023	刀额新对虾	
04211·024	近缘新对虾	

（续）

代码	产品名称	说明
04211·028	脊尾白虾	
04211·031	中国龙虾	
04211·032	锦绣龙虾	
04211·033	罗氏沼虾	
04211·034	日本沼虾	
04211·036	螯虾	
04212	未冷冻的蟹类	
04212·011	三疣梭子蟹	
04212·012	锯缘青蟹	
04212·013	日本蟳	
04212·014	中华绒螯蟹	
04213	未冷冻的虾蛄类	
04214·011	口虾蛄	
0422	牡蛎	
04221	太平洋牡蛎	
04222	褶牡蛎	
04223	近江牡蛎	
04224	长牡蛎	
04225	大连湾牡蛎	
04229	其他牡蛎	
0423	其他活、鲜、冰鲜的水生无脊椎动物	
04231	活、鲜、冰鲜的腹足纲软体动物	
04231·011	皱纹盘鲍	
04231·013	杂色鲍	
04231·014	黄泥螺	
04231·015	红螺	
04231·016	中国田螺	
04232	活、鲜、冰鲜的瓣鳃纲软体动物	牡蛎除外
04232·011	毛蚶	
04232·012	泥蚶	

（续）

代码	产品名称	说明
04232·013	魁蚶	
04232·017	栉江珧	
04232·018	栉孔扇贝	
04232·021	海湾扇贝	
04232·022	虾夷扇贝	
04232·023	美丽日本日月贝	
04232·024	长肋日月贝	
04232·025	菲律宾蛤仔	
04232·026	杂色蛤	
04232·027	青蛤	
04232·028	文蛤	
04232·031	四角蛤蜊	
04232·032	中国蛤蜊	
04232·034	缢蛏	
04232·035	大竹蛏	
04232·035	长竹蛏	
04233	活、鲜、冰鲜的头足纲动物	
04233·011	日本无针墨鱼	墨鱼又称乌贼
04233·012	金墨鱼	
04233·013	拟目墨鱼	
04233·017	短蛸	蛸又称章鱼
04233·018	长蛸	
04235	活、鲜、冰鲜的棘皮动物	
04235·011	刺参	
04235·017	马粪海胆	
043	活、鲜、冰鲜水生脊椎动物及其苗种	
0431	活、鲜、冰鲜水生脊椎动物	
04311·010 ～·099	蛙类	
04311·011	青蛙	

（续）

代码	产品名称	说明
04311·012	棘胸蛙	
04311·013	牛蛙	
04311·014	美国青蛙	
04311·099	其他蛙类	
04311·100～·199	隐鳃鲵科	
04311·101	大鲵	
04311·199	其他隐鳃鲵科鲵类	
04311·999	活、鲜、冰鲜其他水生两栖动物	
04312	活、鲜、冰鲜水生爬行动物	
04312·100～·199	淡水龟鳖类	
04312·131	鳖	
0493	鲜、冻的海藻和海草类，研磨或未研磨的干海藻和海草等水生藻类及其苗种	
04931	鲜、冻的海藻和海草类	
04931·011	鲜、冻的海带	
04931·012	鲜、冻的裙带菜	
04931·013	鲜、冻的紫菜	
04931·014	鲜、冻的江蓠	
04931·015	鲜、冻的麒麟菜	
04931·016	鲜、冻的石花菜	
04931·017	鲜、冻的羊栖菜	
04931·021	鲜、冻的海萝	
04931·023	鲜、冻的螺旋藻	
04932	研磨或未研磨的干海藻和海草等水生藻类	
04932·010～·199	未研磨的干海藻和海草等水生藻类	

（续）

代码	产品名称	说明
04932・011	干海带	
04932・012	干裙带菜	
04932・013	干紫菜	
04932・014	干江蓠	
04932・015	干麒麟菜	
04932・016	干石花菜	
04931・017	干羊栖菜	
04931・021	干海萝	
04931・023	干螺旋藻	
04932・200 ～・399	研磨的干海藻和海草等水生藻类	
04932・201	海带粉	

依据 GB/T 7635.1—2002，水产品加工品分类代码表见表 2-13。

表 2-13 水产品加工品分类代码表

代码	产品名称	说明
21	水产品加工品	
212	加工和保藏的鱼等水产品及其制品	
2121	鲜、冰鲜鱼片、其他鱼肉和鱼肝、鱼籽	
21211	鲜、冰鲜海水鱼鱼片	
21211・011	鲨鱼片	
21211・012	星鳗片	又称康吉鳗片
21211・013	海鳗片	
21211・015	鲱鱼片	
21211・016	沙丁鱼片	
……	鲑鱼片	见代码 21212・018
……	大麻哈鱼片	见代码 21212・021
21211・021	鳕鱼片	
21211・022	海水鲈鱼片	

（续）

代码	产品名称	说明
21211·023	石斑鱼片	
21211·024	大眼鲷片	
21211·031	笛鲷鱼片	
21211·032	鲷鱼片	
21211·035	马鲛鱼片	
21211·036	鲣片	
21211·038	金枪鱼片	
21211·041	军曹鱼片	
21211·042	鲆鱼片	
21211·043	鲽鱼片	
21211·044	马面鲀片	
21211·045	河鲀鱼片	
21212	鲜、冰鲜淡水鱼鱼片	
21212·011	鲟鱼片	
21212·012	鳗鲡片	
21212·014	草鱼片	
21212·015	鲤鱼片	
21212·017	鲇鱼片	
21212·018	鲑鱼片	
21212·021	大麻哈鱼片	
21212·022	虹鳟鱼片	
21212·023	狗鱼片	
21212·024	黄鳝片	
21212·025	淡水白鲳片	
21212·026	鳜鱼片	
21212·027	淡水鲈鱼片	
21212·028	乌鳢片	
21212·031	罗非鱼片	
……	河鲀鱼片	见代码 21212·045
2122	冻鱼片、其他冻鱼肉；冻鱼	

（续）

代码	产品名称	说明
21221	冻海水鱼片	
21221·011	冻鲨鱼片	
21221·012	冻星鳗片	
21221·013	冻海鳗片	
21221·015	冻鲱鱼片	
21221·016	冻沙丁鱼片	
……	冻鲑鱼片	见代码 21222·018 冻海鲇
……	冻大麻哈鱼片	见代码 21222·021
21221·021	冻鳕鱼片	
21221·022	冻海水鲈鱼片	
21221·023	冻石斑鱼片	
21221·024	冻大眼鲷片	
21221·031	冻笛鲷鱼片	
21221·032	冻鲷鱼片	
21221·035	冻马鲛鱼片	
21221·036	冻鲣片	
21221·038	冻金枪鱼片	
21221·041	冻军曹鱼片	
21221·042	冻鲆鱼片	
21221·043	冻鲽鱼片	
21221·044	冻马面鲀片	
21221·045	冻河鲀鱼片	
21222	冻淡水鱼鱼片	
21222·011	冻鲟鱼片	
21222·012	冻鳗鲡片	
21222·014	冻草鱼片	
21222·015	冻鲤鱼片	
21222·017	冻鲇鱼片	
21222·018	冻鲑鱼片	
21222·021	冻大麻哈鱼片	

（续）

代码	产品名称	说明
21222·022	冻虹鳟鱼片	
21222·023	冻狗鱼片	
21222·024	冻黄鳝片	
21222·025	冻淡水白鲳片	
21222·026	冻鳜鱼片	
21222·027	冻淡水鲈鱼片	
21222·028	冻乌鳢片	
21222·031	冻罗非鱼片	
……	冻河鲀鱼片	见代码 21221·045
21226	冻海水鱼类，原条、三去、背开或腹开、切块或切段	
21226·010～·019	文昌鱼目、盲鳗目、七鳃鳗目、银鲛目鱼类（冻海水鱼）	
21226·011	冻文昌鱼	
21226·014	冻银鲛	
21226·020～·049	鲨类（冻海水鱼）	
21226·031	冻斑竹鲨	
21226·050～·069	鳐鲼类（冻海水鱼）	
21226·054	冻鳐	又称老板鱼
21226·070～·079	海鲢目、背棘目鱼类	
21226·073	冻北梭鱼	
21226·080～·099	鳗鲡目鱼类（冻海水鱼）	
……	冻鳗鲡	见代码 21227·031，包括日本、欧洲、美洲鳗鲡
21226·081	冻康吉鳗	
21226·082	冻海鳗	
21226·100～·129	鲱形目鱼类（冻海水鱼）	

（续）

代码	产品名称	说明
21226·101	冻鲱	
21226·102	冻沙丁鱼	
21226·104	冻鲥	
21226·105	冻鳓	
21226·114	冻凤鲚	
21226·130～·139	鼠鱚目、鲇形目鱼类（冻海水鱼）	
21226·131	冻遮目鱼	
21226·140～·149	鲑形目、巨口鱼目鱼类（冻海水鱼）	
……	冻鲑类	见代码 21227·160，包括冻北鲑、冻白鲑、冻大麻哈鱼、冻虹鳟
21226·150～·169	仙鱼目鱼类（冻海水鱼）	
21226·155	冻龙头鱼	
21226·170～·179	鳕形目、鼬鳚目、喉盘鱼目鱼类（冻海水鱼）	
21226·171	冻鳕鱼	包括鳕形目所有种类
21226·210～·219	银汉鱼目、月鱼目、海鲂目、刺鱼目、豹鲂鮄目鱼类（冻海水鱼）	
21226·214	冻刺鱼	
21226·260～·289	鲉形目鱼类（冻海水鱼）	
21226·261	冻平鲉	
21226·262	冻菖鲉	
21226·263	冻黑鲪	
21226·264	冻鬼鲉	
21226·267	冻六线鱼	
21226·274	冻杜夫鱼	

（续）

代码	产品名称	说明
21226·290～·299	鲈形目-锯盖鱼科鱼类（冻海水鱼）	
21226·291	冻尖吻鲈	
21226·300～·349	鲈形目-鮨科鱼类（冻海水鱼）	
21226·305	冻花鲈	
21226·314	冻宽额鲈	
21226·316	冻纵带石斑鱼	
21226·317	冻云纹石斑鱼	
21226·318	冻青石石斑鱼	
21226·321	冻赤点石斑鱼	
21226·322	冻驼背鲈	又称老鼠斑
21226·323	冻六带石斑鱼	
21226·324	冻巨石斑鱼	
21226·325	冻蜂巢石斑鱼	
21226·341	冻粗尾鲈	
21226·342	冻菱齿鮨	
21226·349	其他鮨科鱼类（冻海水鱼）	
21226·360～·369	鲈形目-大眼鲷科鱼类（冻海水鱼）	
21226·362	冻长尾大眼鲷	
21226·380～·389	鲈形目-汤鲤科、寿鱼科、鱚科、方头鱼科、乳香鱼科、军曹鱼科鱼类（冻海水鱼）	
21226·384	冻方头鱼	
21226·386	冻军曹鱼	
21226·390～·429	鲈形目-鲹科鱼类（冻海水鱼）	
21226·406	冻鲳鲹	

（续）

代码	产品名称	说明
21226·430 ～·449	鲈形目-鲯鳅科、乌鲳科、眼镜鱼科、鲳科、乌鲂科鱼类（冻海水鱼）	
21226·431	冻鲯鳅	
21226·432	冻乌鲳	
21226·435	冻鲳	
21226·450 ～·469	鲈形目-笛鲷科鱼类（冻海水鱼）	
21226·451	冻紫红笛鲷	
21226·452	冻红笛鲷	
21226·455	冻千年笛鲷	
21226·490 ～·509	鲈形目-石鲈科鱼类（冻海水鱼）	
21226·491	冻大斑石鲈	
21226·510 ～·539	鲈形目-鲷科鱼类（冻海水鱼）	
21226·512	冻真鲷	
21226·515	冻平鲷	
21226·516	冻黑鲷	
21226·517	冻黄鲷	
21226·518	冻黄鳍鲷	
21226·560 ～·589	鲈形目-石首鱼科鱼类（冻海水鱼）	
21226·564	冻黄姑鱼	
21226·565	冻白姑鱼	
21226·568	冻鮸鱼	
21226·571	冻大黄鱼	
21226·572	冻小黄鱼	
21226·573	冻梅童鱼	

（续）

代码	产品名称	说明
21226·574	冻拟红石首鱼	又称美国红鱼
21226·589	其他石首鱼科鱼类（冻海水鱼）	
21226·600～·619	鲈形目-单鳍鱼科、鱼舵科、白鲳科、鸡笼鲳科、金钱鱼科鱼类（冻海水鱼）	
21226·608	冻金钱鱼	
21226·630～·639	鲈形目-石鲷科、海鲫科、雀鲷科、隆头鱼科、鹦嘴鱼科鱼类（冻海水鱼）	
21226·631	冻石鲷	包括石鲷科所有可食用品种
21226·640～·649	鲈形目-口科、赤刀鱼科、鲻科鱼类（冻海水鱼）	
21226·643	冻鲻鱼	
21226·644	冻黄鲻	
21226·645	冻鲮鱼	
21226·680～·689	鲈形目-鰕虎鱼亚目鱼类（冻海水鱼）	
21226·681	冻乌塘鳢	
21226·685	冻大弹涂鱼	
21226·710～·729	鲈形目-鲭科鱼类（冻海水鱼）	
21226·712	冻马鲛	
21226·716	冻鲣	
21226·718	冻金枪鱼	
21226·740～·749	鲈形目-鲳亚目鱼类（冻海水鱼）	
21226·743	冻花鲳	
21226·745	冻银鲳	

（续）

代码	产品名称	说明
21226・800～・819	鲽形目鱼类（冻海水鱼）	
21226・802	冻牙鲆	
21226・803	冻大菱鲆	
21226・804	冻鲆	
21226・811	冻石鲽	
21226・812	冻鳎	
21226・813	冻舌鳎	
21226・820～・859	鲀形目鱼类（冻海水鱼）	
21226・824	冻马面鲀六棱	
21226・831	冻东方鲀	
21227	冻淡水鱼类，原条、三去、背开或腹开、切块或切段	
21227・010～・029	鲟形目-鲟科鱼类（冻淡水鱼）	
21227・011	冻中华鲟	
21227・012	冻施氏鲟	又称七粒浮子
21227・013	冻长江鲟	又称达氏鲟、沙腊子
21227・014	冻闪光鲟	
21227・015	冻俄罗斯鲟	
21227・016	冻欧洲鲟	
21227・017	冻小体鲟	
21227・018	冻杂交鲟	
21227・021	冻鳇	
21227・022	冻匙吻鲟	
21227・030～・039	鳗鲡目-鳗鲡科鱼类（冻淡水鱼）	
21227・031	冻鳗鲡	包括日本、欧洲、美洲鳗鲡
21227・032	冻花鳗鲡	

（续）

代码	产品名称	说明
21227·039	其他淡水鳗鲡科鱼类（冻淡水鱼）	
21227·040 ～·049	鲤形目-胭脂鱼科鱼类（冻淡水鱼）	
21227·041	冻大口胭脂鱼	
21227·050 ～·109	鲤形目-鲤科鱼类（冻淡水鱼）	
21227·051	冻马口鱼	
21227·052	冻青鱼	
21227·053	冻草鱼	
21227·054	冻丁鱥	
21227·055	冻洛氏鱥	
21227·056	冻雅罗鱼	
21227·061	冻赤眼鳟	
21227·062	冻鳡	
21227·064	冻白鱼	
21227·065	冻鳌	
21227·066	冻铜鱼	
21227·067	冻圆口铜鱼	
21227·068	冻红鳍鲌	
21227·071	冻翘嘴红鲌	
21227·072	冻鳊	
21227·073	冻鲂	
21227·074	冻鲴	
21227·076	冻倒刺鲃	
21227·077	冻鲈鲤	
21227·081	冻白甲鱼	
21227·082	冻野鲮	
21227·083	冻鲮	
21227·084	冻华鲮	
21227·087	冻墨头鱼	

（续）

代码	产品名称	说明
21227・088	冻卷口鱼	
21227・091	冻花䱻	
21227・092	冻鲄	
21227・093	冻重唇鱼	
21227・094	冻裂腹鱼	
21227・096	冻裸鲤	
21227・097	冻鲤	
21227・098	冻鲫	
21227・101	冻鳙	
21227・102	冻鲢	
21227・110	鲤形目-鳅科鱼类（冻淡水鱼）	
～・119		
21227・111	冻泥鳅	
21227・119	其他鳅科鱼类（冻淡水鱼）	
21227・120	鲱亚目-鲱亚科鱼类（冻淡水鱼）	
～・129		
……	冻鲥	见代码 21226・104
……	冻鲸	见代码 21226・105
……	冻凤鲚	见代码 21226・114
21227・130	鼠鱚目、鲇形目鱼类（冻淡水鱼）	
～・159		
……	冻遮目鱼	见代码 21226・131
21227・131	冻黄颡鱼	
21227・132	冻长吻鮠	
21227・133	冻长臀鮠	
21227・135	冻鲇	
21227・136	冻大口鲇	
21227・137	冻欧洲六须鲇	
21227・138	冻斑点叉尾鮰	又称沟鲇
21227・143	冻胡鲇	又称胡子鲶

（续）

代码	产品名称	说明
21227·144	冻革胡子鲇	
21227·160 ～·179	鲑形目-鲑总科鱼类（冻淡水鱼）	
21227·162	冻白鲑	
21227·163	冻茴鱼	
21227·164	冻哲罗鲑	
21227·165	冻红点鲑	
21227·166	冻虹鳟	
21227·167	冻大麻哈鱼	
21227·168	冻细鳞鲑	
21227·189 ～·199	其他鲑形目鱼类（冻淡水鱼）	
21227·191	冻狗鱼	
21227·192	冻池沼公鱼	
21227·194	冻香鱼	
21227·195	冻银鱼	
21227·196	冻大银鱼	
21227·197	冻新银鱼	
21227·200 ～·209	合鳃鱼目鱼类（冻淡水鱼）	
21227·201	冻黄鳝	
21227·210 ～·219	脂鲤目鱼类（冻淡水鱼）	
21227·211	冻短盖巨脂鲤	又称淡水白鲳
21227·212	冻小口脂鲤	又称巴西鲷或南美鲱鱼
21227·220 ～·229	鲉形目-杜夫鱼科鱼类（冻淡水鱼）	
21227·221	冻松江鲈	国家级保护动物
21227·230 ～·249	鲇形目-鮨科、鲻科鱼类（冻淡水鱼）	

（续）

代码	产品名称	说明
21227·233	冻鳜	
21227·234	冻河鲈	
21227·235	冻鲈	
21227·236	冻大口黑鲈	
……	冻鲻鱼	见代码 21226·643
……	冻鲅鱼	见代码 21226·645
21227·250 ～·269	鲇形目-塘鳢科、鰕虎鱼科、鳢科鱼类（冻淡水鱼）	
21227·251	冻淡水塘鳢	
21227·252	冻沙塘鳢	
21227·253	冻淡水鰕虎鱼	
21227·255	冻乌鳢	
21227·256	冻斑鳢	
21227·257	冻月鳢	
21227·270 ～·279	鲇形目-鲕科、鲷科鱼类（冻淡水鱼）	
21227·271	冻罗非鱼	
……	冻黄鳍鲷	见代码 21226·518
21227·299	其他鲈形目鱼类（冻淡水鱼）	
21227·270 ～·279	鲽形目、鲀形目鱼类（冻淡水鱼）	
……	冻东方鲀	见代码 21226·831

三、储藏环节

【内容解读】

1. 储藏设施编码

加工企业应对不同储藏设施进行编码。储藏设施代码可采用数字码。

储藏设施编码档案可使用汉字，其内容应至少包括以下信息：位置、冷藏或冷冻温度、相对湿度、环境卫生安全等。例如，成品库设为 4 个分区，应按照分区位置进行编码。

2. 储藏批次编码

加工企业在储藏产品时应对储藏批次进行编码，并记录相关信息。当每天仅有一个储藏批次时，储藏批次代码可用包装日期代码；当每天有多个储藏批次时，应对不同批次进行编码，储藏批次代码可由储藏日期加批次组成，批次代码为数字。储藏批次编码档案可使用汉字，其内容应至少包括以下信息：入库产品来自的运输批次或逐件记录。

3. 运输设施编码

加工企业应对不同运输设施进行编码。运输设施代码可采用数字码。运输设施编码档案可使用汉字，其内容应至少包括以下信息：车厢（或船舶）冷藏或冷冻温度、运输时间、环境卫生安全。

4. 运输批次编码

加工企业在运输产品时应对运输批次进行编码，并记录相关信息。当每天仅有一个运输批次时，运输批次代码可用运输日期代码；当每天有多个运输批次时，应对不同批次进行编码，运输批次代码可由运输日期加批次组成，批次代码为数字。运输批次编码档案可使用汉字，其内容应至少包括以下信息：运输产品来自的存储设施、包装批次、逐件记录。

四、销售环节

（一）出库批次编码

【内容解读】

加工企业在产品出库时应对出库批次进行编码，并记录相关信息。当每天仅有一个出库批次时，出库批次代码可用出库日期代码；当每天有多个出库批次时，应对不同批次进行编码，出库批次代码可由出库日期加批次组成，批次代码为数字。出库批次编码档案可使用汉字，其内容应至少包括以下信息：库房号、库房温度、出库数量和时间、卫生条件等。除此以外应有责任人。

【实际操作】

出库批次编码档案信息记录表见表 2－14。

表 2-14 出库批次编码档案信息记录表

出库日期	批次号	库房号	产品名称	温度	数量	卫生条件	提货人	负责人

（二）销售编码

【内容解读】

销售编码的执行主体是生产者或销售者。编写方式有以下两种：

1. 企业编码的预留代码位加入销售代码

生产者编写销售代码时，可在完成生产后由水产品生产经营主体的销售部门编写。具体实施方案：可在 NY/T 1761 提到的“国内贸易追溯码”5 个代码段——农业生产经营者主体代码、产品代码、产地代码、批次代码、校验码中，将销售者代码编入“农业生产经营者主体代码”的预留代码位中，位于生产者之后。也就是说，农业生产经营者主体代码是由生产和销售两个主体组成。

销售代码采用数字码为宜。预留代码位数由销售者数量决定，预留 1 位可编入 9 个销售者，预留 2 位可编入 99 个销售者。销售代码可表示销售地区或销售者。若销售者为批发商，则销售代码可表示销售者；若销售者为相对固定的批发商或零售商（如生产企业的直销店），则销售代码可表示销售者；若销售者为相对不固定的零售商，则销售代码可表示销售地区。无论表示销售地区或销售者，都应在产品质量安全追溯工作规范中表明代码的销售地区或销售者具体名称，以规范工作，实施可追溯，同时也可防止假冒。当销售代码含义改变，由原来销售地区或销售者改为另一个时，必须修改原产品质量安全追溯工作规范中的代码含义。修改销售代码含义不会影响可追溯，因有批次代码配合。

销售编码是追溯码中最后需确定的代码，销售编码完成后通过校验码的软件计算确定校验码，整个追溯码即完成。追溯码可委托编码公司或农业生产经营者主体自行完成。

例如，上海市黄浦区某水产品集团公司某加工厂（仅一条生产线，每天生产 5 个批次）于 2019 年 11 月 12 日生产的第 2 批次冷冻开背尖吻鲈。追溯码编码如下：

农业生产经营者主体代码段：该集团公司代码为 1，下属加工厂为 01（预留 99 个加工厂），销售代码为 01（预留 99 个销售商）。在农产品生产经营主体的产品质量安全追溯工作规范中应写明下属加工厂的代码、销售商的代码。从业者代码为10101。

产品代码段：冷冻开背尖吻鲈为21226·291（见表2-12）。

产地代码段：上海市黄浦区为310101（见表2-6）。

批次代码段：由生产日期和批次号组成。生产日期为6位数，即年份的后2位、月份和日的各2位组成，因此生产日期为191112。该厂每天生产批次不超过9个批次，批次仅用1位数字。因此，批次代码段为1911122。

校验码：以上代码依次为10101212262913101011911122，共26位，按表2-4校验码的计算方法，计算结果为5。

因此，该追溯码为101012122629131010119111225，共27位。

2. 在企业编码外标出销售代码

生产企业完成追溯码时，产品储存在产品库待销。若遇到临时的批发商或零售商提货时，则销售者可在追溯码外标注销售代码表示销售者，同时保留原追溯码，反映生产者。

同样，生产企业应在销售记录中表明该产品销售的去向信息，以规范工作，实施可追溯，同时也可防止假冒。

【实际操作】

服务业代码可依据GB/T 7635.2—2002《全国主要产品分类与代码 第2部分：不可运输产品》，有关水产品类农产品销售的服务业代码见表2-15。

表2-15 服务业代码

代码	服务业
61114	活体动物（包括宠物）的批发业服务
61124	鱼及海产品的批发业服务
62114	非专卖店零售活体动物（包括宠物）提供的服务
62124	非专卖店零售鱼和海产食品提供的服务
62210	专卖店零售农业原料提供的服务［包括专卖店零售活体动物（包括宠物）提供的服务］
62229	专卖店零售未另归类的食品提供的服务（包括专卖店零售鱼和其他海产食品提供的服务）

例如，将冷冻开背鲈鱼销售给某批发商，可在生产者的追溯码后另行

附代码 61124。

第五节 追溯精度

一、总 则

【标准原文】

6.1 总则

追溯精度宜确定为生产单元或批次。当追溯精度不能确定为生产单元或批次时，可根据具体实践确定为生产者（或生产者组）。

【内容解读】

详见第一章第四节“制订农产品质量安全追溯实施计划”中“（三）追溯精度”相关内容。

二、捕 捞

【标准原文】

6.2 捕捞

以捕捞批次作为追溯精度。

【内容解读】

水产捕捞业是指使用捕捞工具捕获经济水生动物的生产活动，是水产业的组成部分之一。按水域性质分为海洋捕捞与淡水捕捞2大类。根据国家统计局年度数据显示，2019年海水产品产量3 282.50万吨，其中天然生产海水产品产量1 217.17万吨，占海水产品产量的37.01%；人工养殖海水产品产量2 065.33万吨，占海水产品产量的62.92%；淡水产品产量3 197.71万吨，其中天然生产淡水产品产量184.12万吨，占淡水产品产量的5.76%；人工养殖淡水产品产量3 013.59万吨，占淡水产品产量的94.24%。

淡水捕捞作业范围主要在江河、湖泊、水库。

海洋捕捞作业范围主要在沿岸、近海、外海、远海（或远洋）。

① 沿岸捕捞。其生产范围主要在沿岸或距离陆地较近的浅海水域。一般在40 m等深线以内，渔船一般吨位较小，在海上生产时间较短，渔获量较低。

② 近海捕捞。一般在 40～100 m 等深线范围以内作业，作业时间基本为 1 d，通常以中型渔船为主。

③ 外海捕捞，又称“外海渔业”。其生产范围离岸较远，一般在等深线 100 m 至大陆架边缘（即等深线 200 m），渔船装备较齐全，在海上可连续生产 15～30 d，渔获量较高。

④ 远洋捕捞，又称“远洋渔业”。是远离本国大陆架，在太平洋、大西洋、印度洋等水域从事大洋性作业。多由大型加工母船和若干捕捞渔船组成的船队，或者是带有鱼品加工、冷冻设备的大型渔船进行生产。

考虑到捕捞作业的特殊性，以捕捞批次作为追溯精度较为适宜。

三、养　殖

（一）海水养殖

【标准原文】

6.3.1.1　港（塭）养（殖）

以捕捞批次作为追溯精度。

6.3.1.2　网围养殖、筏式养殖

以一次捕捞的网箱、浮动筏架或网箱组、浮动筏架组作为追溯精度。

6.3.1.3　近海养殖、工厂化养殖

依生产方式分为：

a）全进全出养殖方式的追溯精度宜为池塘或池塘组；

b）倒池养殖方式的追溯精度宜为池塘组，如贝类；

c）多品种混养生产的追溯精度宜为轮捕批次，如对虾、海蜇、贝类混养。

6.3.1.4　滩涂养殖

以养殖批次作为追溯精度，如文蛤等贝类。

【内容解读】

1. 港（塭）养（殖）

广东鱼塭每年大收 2～3 次，一般是 6～7 月和 11～12 月各收 1 次。平时排灌时主要收虾蟹，大收主要收鱼类。北方港养收获，一般“虾不过白露，鱼不过寒露”，即 9 月份收虾、10 月份收鱼。由于港（塭）养（殖）是依地势进行建造，面积大小差异较大，一般从几十公顷到几百公顷不等。水产品均养殖在整个水体环境中，养殖管理等环节均一致，不能一次性收获所有水产品，需分批上市或依据客户需求量捕捞，故以捕捞批次作为追溯精度较为适宜。

2. 网围养殖、筏式养殖

网围养殖追溯精度的设置见第二章的“追溯精度”中“淡水养殖”。

筏式养殖又分为浮绠式养殖和筏架式养殖。

浮绠式养殖主要进行藻类及经济贝类的养殖，如海带、紫菜、麒麟菜、鲍鱼、扇贝、牡蛎等，基本上可以做到一次性收获所有水产品，需分批上市或依据客户需求量捕捞，故以浮绠或浮绠组作为追溯精度较为适宜。若养殖规模较大，也可以养殖队作为追溯精度。

筏架式养殖主要进行经济贝类的养殖，如鲍鱼、扇贝等，养殖时一般采用吊笼养殖的方式。基本上可以做到一次性收获所有水产品，需分批上市或依据客户需求量捕捞，故以浮动筏架或浮动筏架组作为追溯精度较为适宜。若养殖规模较大，也可以养殖队作为追溯精度。

网箱养殖的大小一般为：3 m×3 m×3 m，容量为 27 m^3；4 m×4 m×4 m，容量为 64 m^3；7 m×7 m×5 m，容量为 245 m^3；12 m×12 m×5 m，容量为 720 m^3。为便于投饵管理和捕捞，会在网箱浮子上搭设浮架。水产品虽然均养殖在整个水体环境中，但由于是在不同网箱中进行饲养，养殖管理等环节不一致，就单个网箱而言，基本上可以做到一次性收获所有水产品。需分批上市或依据客户需求量捕捞，故以一次捕捞的网箱、网箱组或鱼排作为追溯精度较为适宜。

3. 近海养殖、工厂化养殖

全进全出是指在同一池塘或同一池塘组只饲养同一批次、同一规格的水产经济动物，同时进塘、同时捕捞的管理制度。例如，尖吻鲈池塘成鱼养殖，在尖吻鲈苗种经过 60～90 d 培育后，体长达到 10 cm 左右，结束鱼种培育。进行成鱼池塘养殖，每 666.7 m^2 放养 1 000～1 500 尾，投饲新鲜小杂鱼或配合饲料，一般经过 4～6 个月饲养，每尾重 0.4～0.6 kg 即可上市。养殖管理等环节基本一致，此种全进全出养殖方式的追溯精度宜为池塘或池塘组。

倒池是指在高密度养殖条件下，由于投饵及排泄物等沉淀物多，池底及池壁吸附大量污物，易导致水质恶化，为确保养殖成活率，将养殖对象从一个池子换到另一个池子进行养殖的方式。例如，牙鲆工厂化育苗，苗种培育从孵化到营底栖生活阶段，育苗池一般每隔 3 d 进行一次倒池。牙鲆工厂化养殖，在养殖过程中因水体环境、摄食量的差异等原因，个体间出现生长上的差异，为提高养殖成活率，在养殖过程中会降低养殖密度，并不断地进行挑选分级，使规格整齐均匀，此阶段倒池与分池同时进行。

牙鲆室外池塘养殖，牙鲆苗在室内长到 10 g 左右，即可移至室外养成池塘；长到 100 g 左右即分池，同时降低养殖密度；长到 400 g 左右时再次分池，同时降低养殖密度；直至达到上市规格。牙鲆均养殖在同一水体环境中，只是在不同养成池或池塘中进行饲养，养殖管理等环节均一致；需分批上市或依据客户需求量捕捞；故工厂化养殖以车间（栋舍）作为追溯精度较为适宜；室外池塘养殖以池塘组作为追溯精度较为适宜。

多个养殖品种进行混养可以发挥生产潜力，如对虾、海蜇、贝类混养。可与对虾混养的扇贝有海湾扇贝和栉孔扇贝。扇贝与对虾混养可分为吊养与地播养殖。地播养殖应选择底质较硬的以沙为主的池塘，笼式吊养应在水深 1.5～2.0 m，吊养层数以不超过 5 层为宜。辽宁地区一般 5 月份投放海蜇苗，经过 2 个月左右的生长，即可达到上市规格。养成海蜇捕获后，可继续投放海蜇苗，9 月末收获对虾，扇贝可在收获对虾的同时或收虾之后继续养到冬天。根据养殖品种的生长情况，到一定时间捕出一部分达到商品规格的养殖品种。故多品种混养生产的追溯精度宜为轮捕批次。

4. 滩涂养殖

滩涂养殖的文蛤一般生长到壳长 4 cm 以上达到商品规格时，生产单位根据市场价格等因素可以采捕收获，合理确定采捕时间和数量。收获时间为 3～5 月和 9～12 月，先将养殖区的文蛤采捕后放到暂养圈里看护，然后集中销售。采捕方法主要依靠机械采收和人工采捕。人工采捕一般采用刨滩法，在退潮干滩时，用蛤耙翻滩来采收，可以做到采大留小。对于多次播苗并采用人工采捕的，可以单次捕捞批次作为追溯精度；对于播放大规格苗种并采用机械采收的，可以养殖批次作为追溯精度。滩涂养殖紫菜及牡蛎其追溯精度参见筏式养殖。

（二）半咸水养殖

【标准原文】

6.3.2 半咸水养殖

以池塘或池塘组作为追溯精度，如螺旋藻。

【内容解读】

见第二章第三节“追溯精度”中“（一）海水养殖”的近海养殖部分

内容。

（三）淡水养殖

【标准原文】

6.3.3.1 网围养殖

以捕捞批次或围网作为追溯精度。

6.3.3.2 池塘养殖或工厂化养殖

池塘养殖包括流动水、半流动水和静水池塘养殖。依生产方式分：

a）全进全出养殖方式的追溯精度宜为池塘或池塘组；

b）倒池养殖方式的追溯精度宜为池塘组，如甲鱼；

c）多品种混养生产的追溯精度宜为轮捕批次，如鱼、虾、蟹混养。

6.3.3.3 湖泊或水库养殖

单品养殖或多品种混养宜以捕捞批次或养殖户作为追溯精度。

6.3.3.4 稻田养殖

以稻田地块或地块组作为追溯精度。

【内容解读】

1. 网围养殖

网围养殖的面积一般以 0.2～0.33 hm^2 为宜，便于投饵管理和捕捞。水产品虽然均养殖在同一水体环境中，但由于是在不同网围中进行饲养，养殖管理等环节不一致，就单个网围来讲，基本上可以做到一次性收获所有水产品，如采用大拉网、垫网联合作业，对养殖鱼类的回捕率可达90%以上。又需分批上市或依据客户需求量捕捞，故以捕捞批次或网围、网围组作为追溯精度较为适宜。

2. 池塘养殖或工厂化养殖

见第二章第三节“追溯精度”中“（一）海水养殖”的工厂化养殖部分内容。

3. 湖泊或水库养殖

湖泊和水库养殖属于天然水域养殖，养殖方式可分为粗放式养殖和集约化养殖两大类。

集约化养殖又有网箱养殖和网围养殖两种类型。

在湖泊、水库等大水面进行粗放式养殖时，每个生产周期内投放鱼种，当达到食用规格时进行捕捞。水产品均养殖在整个水体环境中，养殖管理等环节均一致，不能一次性收获所有水产品，需分批上市或依据客户需求量捕捞，故以捕捞批次作为追溯精度较为适宜。

集约化养殖见第二章第三节“追溯精度中”中“（二）海水养殖”的网箱养殖，以及“（三）淡水养殖”中围网养殖部分内容。

4. 稻田养殖

稻田养殖，是以水稻种植为主，在合理利用稻田空间的情况下兼顾养殖其他水产品。其水产品产量与其他淡水养殖方式相比较而言，产量较低。故面积较大的稻田养殖以地块作为追溯精度较为适宜，面积较小的稻田养殖以地块组作为追溯精度较为适宜。

四、加　工

【标准原文】

6.4　加工

以加工批次为追溯精度，应尽可能保留捕捞或养殖追溯精度。

【内容解读】

当水产品养殖环节和加工环节分属于不同农业生产经营主体时，为确保追溯工作的连续性，尤其是一旦发生质量安全问题时，便于查找原因、确认责任主体。以加工批次作为追溯精度时，应尽可能保留养殖环节捕捞批次或养殖追溯精度。

第六节　信息采集

追溯信息、信息采集点以及信息采集方式是解读后续内容的基础。因此，在解读信息采集之前，先对其进行释义。信息的规范、完整、真实、准确是保证质量安全追溯顺利进行的基本条件，信息记录以及电子信息录入的要求将在本节一一展开叙述。

一、追溯信息

每项社会活动依据其所要达到的目的来采集信息，农产品质量安全追溯的目的是产品的可追溯性，以便产品发生质量安全问题时，根据追溯信息确定问题来源、原因及责任主体。因此，它有独特的信息要求，而不同于普通的企业管理。追溯信息主要分为环节信息、责任信息和要素信息 3 种，生产经营主体在实施质量安全追溯前应先明确其要求。

（一）环节信息

所谓环节，指在农产品生产加工流通过程中农产品物态场所相对稳定、生产工艺条件相对固定、责任主体相对明确的一个阶段。这是划分环节的原则，每个企业可以有所不同。水产品生产企业的生产环节可以分为养殖、加工销售2个相互独立的生产环节。养殖生产环节又可包括繁殖、苗种培育、养成管理、捕捞4个单元；加工销售生产环节包括收购、加工、包装、入库、出库销售5个单元。

环节信息在纸质记录上应确切写明环节及其上游单位的名称或代码（该代码应在管理文件中注明其含义）。例如，一个水产品加工企业与4个农民养殖合作社签订海鲈鱼收购协议，每个农民养殖合作社有3个养殖户，均按要求实施统一的养殖模式，则该水产品加工企业组成4×3＝12个环节。编码某养殖户时，如第3个农民养殖合作社第2个养殖户，电子信息代码可编码为302。

在电子信息中环节由一个或多个组件构成。以上所述12个环节，可组成12个组件。

（二）责任信息

责任信息是指能界定质量安全问题发生原因以外的信息，即记录信息的时间、地点和责任人。纸质记录信息的时间应尽量接近于农事活动的时间且准确记录，这就要求农事活动结束后能够及时准确的记录；同时，纸质记录也应及时且准确地录入追溯系统。这样，电子信息反映的就是真实的农事活动。鉴于农事活动的特殊性，纸质记录最迟也应于产品销售前全部录入追溯系统。

地点是指记录地点，一般来说，记录地点与环节一致，而在纸质记录上可被省略。

责任人是指进行纸质信息记录的人员和电子信息的录入人员。在记录外购生产投入品时，应记录供应方的信息，以明确其责任。例如，外购渔药应记录供应方的生产许可证号、批准文号（若进口渔药，则为进口渔药注册证号）、GMP证书号、产品批次号或生产日期。若生产经营主体购买没有生产许可证号的非法厂商渔药且造成质量安全事故，则该厂商承担非法生产责任，生产经营主体承担购买非法产品的责任。某渔药仅适用于鱼类，误用于甲壳类且造成质量安全事故，则生产经营主体承担责任。产品批次号或生产日期是界定该渔药是渔药生产厂商生产的哪一批次或哪一天生产的；以便由有资质的检验机构确定该批次或该天生产的渔药有无质量问题，而不是让检验机构检验生产的全部渔药产品。因此，生产许可证号、批准文号（若进口渔药，则为进口渔药注册证号）、GMP证书号、产品批次号或生产日期是外购渔药的不可或缺的责任信息。

（三）要素信息

要素信息是指国家法律法规要求强制记录的信息以及影响追溯产品质量安全的信息。现分述如下：

1. 国家法律法规要求强制记录的信息

依据国家有关法律规定确定要素信息。以渔药为例，《兽药管理条例》规定，兽药生产企业应当建立生产记录，生产记录应当完整、准确。兽药经营企业购销兽药，应当建立购销记录。购销记录应当载明兽药的商品名称、通用名称、剂型、规格、批号、有效期、生产厂商、购销单位、购销数量、购销日期和国务院兽医行政管理部门规定的其他事项。兽药使用单位，应当遵守国务院兽医行政管理部门制定的兽药安全使用规定，并建立用药记录。如实记录使用的时间、地点、对象以及名称、用量、生产企业等。这些内容都影响到水产品的渔药残留问题。

2. 影响追溯产品质量安全的信息

依据国家有关规定确定要素信息，如使用渔药，《兽药管理条例》规定，兽药使用者禁止使用假、劣兽药，以及国务院兽医行政管理部门规定禁止使用的药品和其他化合物。同时，应当遵从休药期捕捞水产品，以免造成质量安全事故。

二、信息采集点设置

【标准原文】

6.1　信息采集点设置

宜在捕捞、养殖、加工、投入品购入、投入品使用、检验（自行检验或委托检验）、包装、销售、储运等环节设立信息采集点。

【内容解读】

1. 合理设置信息采集点的方法

（1）*在质量安全追溯的各个环节上设置信息采集点*　水产品的信息采集点一般在养殖环节的养殖管理、捕捞、运输，以及加工环节的原料收购、加工、检验、冷冻包装储存、成品运输销售，设置8个信息采集点（图2-3）。

（2）*依据追溯精度保留或合并多个信息采集点*　例如，农民专业合作社有3个梭子蟹养殖基地，每个养殖基地有6个养殖户，当追溯精度为养殖基地时，且各养殖基地均按要求实施统一的养殖模式，则在每个养殖基地设置1个信息采集点，再加上农业生产资料购买部门和销售部门，共设置5个信息采集点。若追溯精度为养殖户组，且按3个养殖户编组较易于生产管理，则每个养殖基地内的6个养殖户可合并为2个养殖户组，设置2个信息采集点，3个养殖基地共有6个信息采集点，再加上农业生产资料购买部门和销售部门，共设置8个信息采集点。

（3）若同一环节内的要素信息有不同责任主体，则除了以上环节信息采集点外，还应在环节中设置要素信息采集点 例如，农民专业合作社的养殖环节中渔药采购不是由养殖户负责，由专门的渔药采购部门负责，则应增加渔药采购信息采集点。

（4）若某工艺段同时可设为环节信息采集点和要素信息采集点，则仅设一个信息采集点 例如，农民专业合作社有2个大菱鲆育苗车间，有10个养殖车间。培育至稚鱼后由统一部门收集，再分配给10个养殖车间，则收集部门这个环节，不必设立信息采集点，直接与养殖车间合并为1个信息采集点。

2. 设置信息采集点时的注意事项

（1）与质量安全无关的工艺段，不设信息采集点 例如，梭子蟹养殖过程中的投饲环节，投饲的方式有人工投饲和机器投饲，只影响饲料利用率，而饲料利用率并不影响产品标准规定的质量，则投饲环节不设立信息采集点。由此可见，质量安全追溯不同于“全面质量控制”（TQC）。

（2）一台计算机可用于若干信息采集点 多个信息采集点的纸质记录，可利用同一台计算机进行录入，则计算机数量可以少于信息采集点数量。

（3）信息采集点不应多设，也不应漏设 多设会使信息采集烦琐，漏设会使信息缺失、断链，乃至质量追溯无法进行。

（4）同一质量安全项可发生在数个工艺段上，应设数个信息采集点 例如，冷冻草鱼片中重金属镉可发生在养殖环境、加工水、化验室3个工艺段，这3个工艺段都应设置信息采集点，以便追溯责任主体。

三、信息采集要求

（一）真实、及时、规范

【标准原文】

7.2.1 真实、及时、规范

信息应按实际操作同时或过后即刻记录。信息应以表格形式记录，表格中不留空项，空项应填“-”；上下栏信息内容相同时不应用“‥”，改填“同上”或具体内容；更改方法不用涂改，应用杠改。

【内容解读】

1. 信息采集方式

（1）纸质记录　农业生产经营主体设计的纸质记录应为表格形式，便于内容规范，易于录入计算机等电子信息采集设备。该表格的形式应符合GB/T 1.1—2020《标准化工作导则　第1部分：标准化文件的结构和起草规则》的规定，应具有表题、表头，所列内容齐全。

（2）电子记录　采用计算机或移动数据终端等采集信息，该信息通过局域网或移动数据终端传输。电子记录应及时备份，以免信息丢失或被篡改；还应打印成纸质形式，由责任人签字后备案。

2. 信息记录

（1）纸质记录要求

① 真实、全面。

（a）记录内容与生产活动一致。不应不记、少记、乱记农事活动及投入品使用情况。

（b）记录人真实。由实际当事人记录并签名，不同部门的记录人不可代签名。

（c）记录时间真实。应真实反映农事活动发生的时间。

（d）记录所有应该记录的信息。包括上述的环节信息、责任信息和要素信息。

② 规范、及时。

（a）格式化。首先，表题确切。每个表都应有一个表题，标明表的主题，如“渔药使用信息表”。加入时间和环节信息则更好，如“2020年第一车间渔药使用信息表”，便于归档，以免烦琐地在表内或表下重复写入时间和环节信息。

其次，表头包含全部信息项目。各项内容不重复、不遗漏；信息项目包括环节信息，生产链始端的环节应符合追溯精度，生产链终端的环节（如销售记录）应符合追溯深度（如销售商或批发商）；每个环节信息应包含上游环节（可用名称或代码）的部分信息（如渔药使用记录的通用名、生产商名称、批次号或生产日期），可唯一性地追溯到上游（药品库或供应商），否则无法实施可追溯。要素信息包括工艺条件、投入品、检验结果等。责任信息包括时间、地点、责任人。

环节信息和时间信息的年份可列于表题，表头仅涉及日期。对于需要数天才完成的农事，应列出时间的起始。责任人可列于表头或表下。

最后，表头项目所有量值单位应是法定计量单位。单位应具体，同一项目的单位应一致，如 m^2（平方米）、mL（毫升）、g（克）。

（b）记录清晰、持久。用不褪色笔，字迹清晰，每栏均需记录（若无内容，则记“无”），用杠改法修改（用单线或双线划在原记录内容上，且能显示原内容，修改人签字或盖章以示负责）。这样的记录使任何人无法篡改，只有记录人负责。

（c）生成追溯码前应将所有纸质记录及时上传。

（d）追溯产品投放市场前所有纸质和电子记录要齐全。

（2）电子记录录入

① 录入及时性。信息录入人员收到纸质记录后，应及时录入计算机，确保产品上市前信息录入完毕。

② 录入准确性。

（a）准确地将纸质记录录入计算机等电子信息录入设备，并确保电子信息与纸质信息一致。

（b）若录入人员发现纸质信息有误，应通知纸质记录人员按杠改法修改，计算机操作人员无权修改纸质记录。

（二）可追溯

【标准原文】

7.2.2 可追溯

下一环节的信息中具有与上一环节信息的唯一性对接的信息。

示例：

渔药使用表中的通用名、生产企业、产品批次号/生产日期，能与渔药购入表唯一性对接。

【内容解读】

渔药使用记录表应有渔药通用名、生产企业、批次号（或生产日期）。这3项内容应与渔药购买记录表上的渔药通用名、生产企业、批次号（或生产日期）唯一性对接，追溯时不至于追溯到其他渔药、其他生产企业生产的同名渔药、同一生产企业生产同名但不同批次的渔药，保证质量安全追溯的顺利进行；否则，会造成质量安全追溯的中断或不能达到预想的效果。

【实际操作】

若渔药采购和使用由一个农业生产经营主体（如养殖户组）承担，则渔药采购和使用可合并为一个表格，养殖户组渔药采购和使用信息表见表2-16。

表2-16　养殖户组渔药采购和使用信息表

序号	环节	采集点	通用名	生产商名称	生产许可证号	批准文号	产品批次号（或生产日期）	购买数量（瓶）	有效期	使用水产品及防治对象	剂型及含量	使用量（g或mL/667 m^2）	使用方法	休药期	使用时间	使用地（池或养殖基地）	使用人	捕捞时间	备注

表2-16中“使用水产品及防治对象”适用于多品种追溯产品。

若渔药采购和使用由不同农业生产经营主体承担，前者由采购部承担，后者由养殖户组承担，则设计成两张表。渔药采购信息表见表2-17；养殖户组渔药使用信息表见表2-18。

表2-17　渔药采购信息表

序号	环节	采集点	通用名	生产商名称	生产许可证号	批准文号	产品批次号（或生产日期）	购买数量（瓶）	有效期	休药期	购买时间	购买人	备注

表2-18　养殖户组渔药使用信息表

序号	环节	采集点	通用名	生产商名称	产品批次号（或生产日期）	使用水产品及防治对象	剂型及含量	使用量（g或mL/667 m^2）	使用方法	休药期	使用时间	使用地（池或养殖基地）	使用人	捕捞时间	备注

表2-17及表2-18依据通用名、生产商名称、产品批次号（或生产日期）可以作唯一性对接，实施追溯；或者在使用信息表上用渔药采购序号代替生产商名称、产品批次号（或生产日期），也可作唯一性对接，实

施追溯。

所有信息的记录内容要真实、全面、规范、及时。记录内容与生产活动一致，具体结合相关的生产活动流程科学设计。

四、信息采集内容

（一）基本信息

【标准原文】

7.3.1 基本信息

基本信息应包括生产、加工、检验、投入品购入、投入品使用、储存运输、包装销售等环节信息和记录的时间、地点、责任人等责任信息，如果涉及相关环节，可按 GB/T 29568 的要求执行。至少应包括如下信息内容：

a）储存运输：起止日期、温度、储运场地或车船编号等；

b）产品检验：追溯码、产品标准、检验结果等；

c）产品销售：追溯码、售货日期、售货量、运货方式、车牌号、收货人员名称/代码等；

d）标签打印使用：追溯码、打印日期、打印量、使用量、销售量、销毁方式等。

【内容解读】

《农产品质量安全法》对产地环境、投入品使用、生产记录等方面作了明确规定。

第十七条　禁止在有毒有害物质超过规定标准的区域生产、捕捞、采集食用农产品和建立农产品生产基地。

第二十四条　农产品生产企业和农民专业合作经济组织应当建立农产品生产记录，如实记载下列事项：

（一）使用农业投入品的名称、来源、用法、用量和使用、停用的日期；

（二）动物疫病、植物病虫草害的发生和防治情况；

（三）收获、屠宰或者捕捞的日期。

农产品生产记录应当保存二年。禁止伪造农产品生产记录。

国家鼓励其他农产品生产者建立农产品生产记录。

第二十五条　农产品生产者应当按照法律、行政法规和国务院农业行政主管部门的规定，合理使用农业投入品，严格执行农业投入品使用安全间隔期或者休药期的规定，防止危及农产品质量安全。

禁止在农产品生产过程中使用国家明令禁止使用的农业投入品。

1. 产地编码

产地编码内容解读见第二章第四节的“养殖环节”中“（一）产地编码”的“内容解读”部分。

2. 养殖者编码

养殖者编码内容解读见第二章第四节的“养殖环节”中“（二）养殖者编码”的“内容解读”部分。

3. 产地环境监测

产地环境监测信息包括以下影响水产品质量安全的水质、底泥、大气的环境质量现状。

（1）渔业用水　渔业用水主要来源于地表水、地下水等。渔业用水对水产品质量安全影响的因素是重金属。重金属自然状态下在水体中溶解度非常低，但通过水体中生物食物链的富集作用，最终在水产品体内累积，随着食物链的富集放大将对人类健康产生严重危害。

（2）底泥　对于水产品而言，底泥中重金属污染主要分为两类，一类是生长发育不需要的元素，而底泥与养殖水体之间的物质进行交换，最终通过食物链在水产品体内富集后对人类健康有严重危害，如铅、汞、镉等；另一类是对人体没有严重危害反而有一定的生理功能，而且又是在一定含量内影响水产品生长发育的重金属，如铜、锌等。

（3）大气　大气中的污染物主要来自公路的汽车尾气和工矿企业的废气。重金属等污染物随着大气干湿沉降等作用进入养殖水体，通过沉降等途径进入沉积物中，最终通过食物链在水产品体内富集后形成污染。

【实际操作】

1. 产地编码

产地编码内容解读见第二章第四节“一、养殖环节”中“（一）产地编码”的“实际操作”部分。

2. 养殖者编码

养殖者编码内容解读见第二章第四节“一、养殖环节”中“（二）养殖者编码”的“实际操作”部分。

3. 产地环境监测

所有农产品生产基地的环境都应该满足国家相关规定。

（1）渔业水质环境监测及其信息记录

① 渔业水质标准。

(a) 普通食品和有机产品。应执行 GB 11607—1989《渔业水质标准》，不应执行 GB 3838—2002《地面水环境质量标准》和 GB/T 14848—2017《地下水质量标准》。因为这 3 个标准规定的项目和指标值不完全等同，只要达到 GB 11607—1989 要求，不管应用地面水或地下水均可以。渔业水质标准见表 2-19。

表 2-19 渔业水质标准

序号	项目	标准值
1	色、臭、味（mg/L）	不得使鱼、虾、贝、藻类带有异色、异臭、异味
2	漂浮物质（mg/L）	水面不得出现明显油膜或浮沫
3	悬浮物质（mg/L）	人为增加的量不得超过 10 mg/L，而且悬浮物质沉积于底部后，不得对鱼、虾、贝类产生有害的影响
4	pH	淡水 6.5～8.5，海水 7.0～8.5
5	溶解氧（mg/L）	连续 24 h 中，16 h 以上必须大于 5 mg/L，其余任何时候不得低于 3 mg/L。对于鲑科鱼类栖息水域冰封期，连续 24 h 中，16 h 以上必须大于 5 mg/L，其余任何时候不得低于 4 mg/L
6	生化需氧量（5 天、20 ℃）（mg/L）	不超过 5 mg/L，冰封期不超过 3 mg/L
7	总大肠菌群（个/L）	不超过 5 000 个/L（贝类养殖水质不超过 500 个/L）
8	汞（mg/L）	≤0.000 5
9	镉（mg/L）	≤0.005
10	铅（mg/L）	≤0.05
11	铬（mg/L）	≤0.1
12	铜（mg/L）	≤0.01
13	锌（mg/L）	≤0.1
14	镍（mg/L）	≤0.05
15	砷（mg/L）	≤0.05
16	氰化物（mg/L）	≤0.005
17	硫化物（mg/L）	≤0.2
18	氟化物（以 F 计）（mg/L）	≤1
19	非离子氨（mg/L）	≤0.02
20	凯氏氮（mg/L）	≤0.05
21	挥发性酚（mg/L）	≤0.005
22	黄磷（mg/L）	≤0.001

（续）

序号	项目	标准值
23	石油类（mg/L）	≤0.05
24	丙烯腈（mg/L）	≤0.5
25	丙烯醛（mg/L）	≤0.02
26	六六六总量（丙体）（mg/L）	≤0.002
27	滴滴涕总量（mg/L）	≤0.001
28	马拉硫磷（mg/L）	≤0.005
29	五氯酚钠（mg/L）	≤0.01
30	乐果（mg/L）	≤0.1
31	甲胺磷（mg/L）	≤1
32	甲基对硫磷（mg/L）	≤0.000 5
33	呋喃丹（mg/L）	≤0.01

（b）绿色食品。应执行 NY/T 391—2013《绿色食品　产地环境质量》，该标准中规定了绿色食品渔业用水要求，渔业水质要求见表 2-20。

表 2-20　绿色食品渔业水质要求

项目	指标	
	淡水	海水
色、臭、味	不应有异色、异臭、异味	
pH	6.5～9.0	
溶解氧（mg/L）	>5	
五日生化需氧量（mg/L）	≤5	≤3
总大肠菌群（MPN/100 mL）	≤500（贝类 50）	
总汞（mg/L）	≤0.000 5	≤0.000 2
总镉（mg/L）	≤0.005	
总铅（mg/L）	≤0.05	≤0.005
总铜（mg/L）	≤0.01	
总砷（mg/L）	≤0.05	≤0.03
六价铬（mg/L）	≤0.1	≤0.01
挥发酚（mg/L）	≤0.005	—
石油类（mg/L）	≤0.05	
活性磷酸盐（以 P 计）（mg/L）	—	≤0.03

注：水中漂浮物质需要满足水面不应出现油膜或浮沫要求。

② 渔业水质监测信息记录。包括水源类型、取样的地点、时间、监测机构、监测结果等信息。渔业水质监测信息表见表 2-21。

表 2-21 渔业水质监测信息表

序号	水源类型	监测机构	监测时间	监测地点	监测结果（mg/L）				记录日期	记录人
					项目 1	项目 2	项目 3	……		

（2）底质（或底泥）环境监测及其信息记录

① 底质（或底泥）标准。

（a）普通农产品。参照执行 HJ/T 332—2006《食用农产品产地环境质量评价标准》，该标准中规定了食用农产品产地土壤环境质量要求，底泥参照水田的质量标准。土壤环境质量评价指标限值见表 2-22。

表 2-22 土壤环境质量评价指标限值

项目	水田		
	pH<6.5	6.5≤pH≤7.5	pH>7.5
土壤环境质量基本控制项目			
总镉（mg/kg）	≤0.30	≤0.30	≤0.60
总汞（mg/kg）	≤0.30	≤0.50	≤1.0
总砷（mg/kg）	≤30	≤25	≤20
总铅（mg/kg）	≤80	≤80	≤80
总铬（mg/kg）	≤250	≤300	≤350
总铜（mg/kg）	≤50	≤100	≤100
六六六总量（mg/kg）	≤0.10		
滴滴涕总量（mg/kg）	≤0.10		
土壤环境质量选择控制项目			
总锌（mg/kg）	≤200	≤250	≤300
总镍（mg/kg）	≤40	≤50	≤60
稀土总量（氧化稀土）（mg/kg）	≤背景值+10	≤背景值+15	≤背景值+20
全盐量（mg/kg）	≤1 000		

（b）绿色食品。

绿色食品应执行 NY/T 391—2013《绿色食品 产地环境质量》，该标准中规定了底泥质量要求，底泥质量要求见表 2-23。

表 2-23 底泥质量要求

项目	水田		
	pH<6.5	6.5≤pH≤7.5	pH>7.5
总镉（mg/kg）	≤0.30	≤0.30	≤0.40
总汞（mg/kg）	≤0.30	≤0.40	≤0.40
总砷（mg/kg）	≤20	≤20	≤15
总铅（mg/kg）	≤50	≤50	≤50
总铬（mg/kg）	≤120	≤120	≤120
总铜（mg/kg）	≤50	≤60	≤60

注：底泥按照水田标准执行。

② 底泥环境监测信息。包括取样的地点、时间、监测机构、监测结果等信息。底泥监测信息表示例见表 2-24。

表 2-24 底泥监测信息表

序号	监测机构	监测时间	监测地点	监测结果（mg/kg）				记录日期	记录人
				项目 1	项目 2	项目 3	……		

（3）空气环境监测及其信息记录

① 空气标准。

（a）普通农产品。生产基地环境空气质量应满足 GB 3095—2012/XG1—2018《环境空气质量标准》第 1 号修改单中二级标准。环境空气污染物基本项目浓度限值见表 2-25，环境空气污染物其他项目浓度限值见表 2-26。

表 2-25 环境空气污染物基本项目浓度限值

序号	污染物项目	平均时间	浓度限值		单位
			一级	二级	
1	二氧化硫（SO_2）	年平均	20	60	μg/m³
		24 h 平均	50	150	
		1 h 平均	150	500	
2	二氧化氮（NO_2）	年平均	40	40	
		24 h 平均	80	80	
		1 h 平均	200	200	

（续）

序号	污染物项目	平均时间	浓度限值		单位
			一级	二级	
3	一氧化碳（CO）	24 h 平均	4	4	mg/m^3
		1 h 平均	10	10	
4	臭氧（O_3）	日最大 8 h 平均	100	160	$\mu g/m^3$
		1 h 平均	160	200	
5	颗粒物（粒径小于等于 10 μm）	年平均	40	70	
		24 h 平均	50	150	
6	颗粒物（粒径小于等于 2.5 μm）	年平均	15	35	
		24 h 平均	35	75	

表 2-26 环境空气污染物其他项目浓度限值

序号	污染物项目	平均时间	浓度限值		单位
			一级	二级	
1	总悬浮颗粒物（TSP）	年平均	80	200	$\mu g/m^3$
		24 h 平均	120	300	
2	氮氧化物（NO_x）	年平均	50	50	
		24 h 平均	100	100	
		1 h 平均	250	250	
3	铅（Pb）	年平均	0.5	0.5	
		季平均	1	1	
4	苯并［a］芘（BaP）	年平均	0.001	0.001	
		24 h 平均	0.002 5	0.002 5	

（b）绿色食品。应执行 NY/T 391—2013《绿色食品 产地环境质量》。该标准中规定了空气质量要求。空气质量要求（标准状态）见表 2-27。

表 2-27 空气质量要求（标准状态）

项目	指标		检测方法
	日平均[a]	1 h[b]	
总悬浮颗粒物（mg/m^3）	≤0.30	—	GB/T 15432
二氧化硫（mg/m^3）	≤0.15	≤0.50	HJ 482
二氧化氮（mg/m^3）	≤0.08	≤0.20	HJ 479
氟化物（$\mu g/m^3$）	≤7	≤20	HJ 480

a 日平均指任何一日的平均指标。

b 1 小时指任何一小时的指标。

（二）原料储存运输信息

【内容解读】

1. 储存运输

水产品可以在捕捞后作为初级农产品直接销售，也可作为原料进行加工处理。水产品作为原料收购后，储存于暂养池或冷藏间内，以便按需求、分批次生产加工。储存运输是影响追溯产品质量的重要环节，原料在储存过程中容易受到有害物质（包括生物、化学、物理污染）的侵袭，致使原料的质量安全性状发生改变。为保障在储存过程中的质量安全，农业生产经营主体应按照国家对原料储存的环境、设施及管理要求对储存运输进行管理，重点记录与质量安全及溯源有关的信息。一般包括收购日期、来源、产地、运输车船号、承运人、品种、数量、仓储环境等。收购记录见表 2－28；仓储管理记录见表 2－29。

表 2－28　收购记录

收购日期	来源	产地	运输车船号	品种	数量（t）	承运人

来源：养殖户信息。

产地：指来自哪个县域（乡镇）或农场等地域名称。

运输车船号：指运输车辆或船舶的号牌，应当填写完整和规范。

品种：养殖水产品的名称。

承运人：车船运输人。

表 2－29　仓储管理记录

仓号	日期	类型（入库或出库）	品种	数量（t）	保管员	温度	湿度

2. 检验

原料收购时应进行交收检验，以便了解原料的质量安全状况。交收检验一般由农业生产经营主体实验室负责，也可委托有资质的实验室进行。检验项目按照合同约定，或按产品标准选择相关项目进行。原料检验信息主要包括溯源信息和质量信息。原料化验单见表 2－30。

表 2-30 原料化验单

日期	来源	产地	车船号	承运人	品种	检验项目				去向
						项目 1	项目 2	项目 3	……	

来源、产地、车船号、承运人同收购记录。

去向：卸货的地点包括暂养池、冷藏间、加工线名称。

【实际操作】

1. 活水产品

（1）运输基本要求

① 每批收购的活水产品应为无病害、无污染、活力好的个体，其污染物残留量应符合 GB 2762—2017《食品安全国家标准　食品中污染物限量》的要求，农药最大残留量应符合 GB 2763—2019《食品安全国家标准　食品中农药最大残留限量》的要求，兽药残留最高限量应符合国家有关规定和公告。

② 收购活水产品时，应按批次检查原料合格证明材料，如产品检验报告、产品认证证书、合格证等。若无法提供合格证明材料的，应按批次检验合格后收购。

③ 活水产品在运输、暂养的过程中，不应使用未经国家和有关部门批准生产的任何渔药和渔用消毒剂、杀菌剂、渔用麻醉剂及人工海水配制盐产品。不应使用国家有关规定和公告规定的禁用药和对人体具有直接或潜在危害的其他生物或化学添加物。

④ 每批发运的活水产品应记录品种、数量等信息。

⑤ 运输过程按不同品种定时检查水体温度和溶解氧变化情况，并做记录，特殊情况下缩短时间间隔进行检查。

⑥ 运输和暂养过程用水水质应符合 GB 11607—1989《渔业水质标准》的规定。

⑦ 运输工具、保湿材料、装载与暂养容器消毒应选择符合国家有关规定的消毒剂，并按产品使用说明要求的方法用量进行使用。

（2）暂养

① 活水产品运达销售目的地后，应根据不同的品种及时投放在相应的水体中暂养，并根据暂养时间确定暂养密度。

② 无水运输的产品应先用相应的冷水冲洗后再投放到暂养池暂养。

③ 暂养池的水温应预先控制在与运输时基本相同的水体温度，与投

放时的水体温度相差不应超过 5 ℃。

④ 投放时，应将死亡和破损的个体挑出。

⑤ 在暂养期间，应保持开动水泵循环过滤水质，保持增氧和控制水温稳定。

2. 鲜、冻水产品

（1）运输设备

① 运输冷藏食品、冷冻食品应使用具备温控能力的专用设备，专用设备应防冻、隔热保温性能良好。

② 运输设备厢体应清洁、无毒、无害、无异味、无污染，内壁应平整光滑。

③ 运输设备厢体内应配置具有异常报警功能的温度自动记录设备，对运输过程中厢体内的温度进行实时监测和记录。

④ 运输设备厢门处宜加装隔温装置。

⑤ 制冷系统、测温设备应定期检查、保养及校验，发现异常应立即停止使用并及时进行维修。

（2）装载

① 装载前应对运输设备厢体内壁进行清洁、视情况消毒，并对运输设备进行检查，确定制冷系统、除霜系统状态良好，温度监测设备工作正常。

② 运输设备厢体应在装载前进行预冷，厢体内温度达到冷藏食品、冷冻食品的装载要求时方可装载。

③ 不应与有毒、有害、有异味、有腐蚀性、易污染的食品混装，不应与非食品货物混装。

④ 冷藏食品、冷冻食品与运输设备厢体四壁应留有适当空间，码放高度不应超过制冷机组出风口下沿。低温敏感的冷藏食品、冷冻食品应远离出风口。

⑤ 装载作业因故中断时，运输设备厢门应立即关闭并开启制冷系统。

（3）在途温控

① 运输过程中不应擅自打开运输设备厢门及冷藏食品、冷冻食品的包装。

② 运输设备厢体内的温度应始终保持在冷藏食品、冷冻食品要求的范围内。

③ 温度自动记录设备的记录间隔应≤5 min，超出允许的波动范围应报警。

（4）卸货

① 卸货区宜配备封闭式月台，并配有与运输车辆对接的密封装置。

② 冷藏食品、冷冻食品的温度在卸货前应检测及记录。

③ 卸货期间，冷藏食品、冷冻食品中心温度波动幅度不应超过其规定温度的±3 ℃。

④ 卸货作业因故中断时，运输设备厢门应立即关闭并开启制冷系统。

⑤ 完成作业后，应及时对运输设备厢体进行清洗、通风、视情况消毒，并在晾干后关闭厢门。

（5）交货

① 应保存运输过程中厢体内冷藏食品、冷冻食品的检测温度、检测时间、装卸货时间记录。

② 交接时应按以下顺序检查、测量并记录温度信息：

——环境温度记录：检查环境温度监测记录是否符合温控要求，并记录；

——产品表面温度：测量货物外箱表面温度或内包装表面温度，并记录；

——产品中心温度：如产品表面温度超出可接受范围，还应测量产品中心温度。

（6）冷库储存　库房中的食品应根据其储存工艺的要求，分区（间）储存。库存温、湿度应满足其在规定的时间范围内的储存要求；对于气调式冷库，库内的气体成分应满足其在规定的时间范围内的储存要求。

食品的冷加工，应按规定的时间、温度完成其冷却/冻结加工，并应记录食品进出库的温度。冷间的设计温度和相对湿度见表 2－31。

表 2－31　冷间的设计温度和相对湿度

序号	冷间名称	室温（℃）	相对湿度（%）	适用食品范围
1	冻结间	－23～－30	—	鱼、虾等
2	冷却物冷藏间	－1～＋1	90～95	冰鲜鱼
3	冻结物冷藏间	－18～－25	90～95	冻鱼、虾等

冷库生产经营企业应保持区域内清洁卫生。库房及加工间应定期消毒，冷藏间应至少每年消毒一次，所使用的消毒剂应无毒无害、无污染。

冷库厂区内严格控制有毒有害物品，防止造成食品污染。

应采用人工或人工与自动仪器相结合的方式，监测制冷系统的运行状况，定时做好运行记录，确保系统安全正常运行。

操作人员应至少每隔 2 h 做一次巡视检查并做好运行记录。

搬运设备应无毒、无害、无异味、无污染，符合相关食品卫生要求。

应在库房内适当的位置至少安装 1 个温度测量装置，冻结物冷藏间的温度测量误差不大于 1 ℃，冷却物冷藏间的温度测量误差不大于 0.5 ℃。如需要测量湿度，相对湿度测量误差不大于 5%。温湿度测量装置的安装位置应能正确反映冷间的平均温、湿度。

应定期检查并记录库房温度。

应至少每季度核查一次库内温、湿度检测装置。

3. 检验

（1）检验项目　鲜、冻动物性水产品具体交收检验项目参照合同或产品标准选择相关项目执行。感官要求见表 2－32、理化指标见表 2－33、污染物限量指标见表 2－34、贝类毒素限量指标见表 2－35、水产品中农药最大残留限量指标见表 2－36、水产品中兽药最大残留限量指标见表2－37。

表 2－32　感官指标

项目	要求
色泽	具有水产品应有色泽
气味	具有水产品应有气味，无异味
状态	具有水产品正常的组织状态，肌肉紧密、有弹性

表 2－33　理化指标

项目	指标
挥发性盐基氮（mg/100 g）	
海水鱼虾	≤30
海蟹	≤25
淡水鱼虾	≤20
冷冻贝类	≤15
组胺（mg/100 g）	
高组胺鱼类	≤40
其他海水鱼类	≤20

表 2－34　污染物限量指标

项目	食品类别（名称）	限量
铅（以 Pb 计）（mg/kg）	鲜、冻水产动物（鱼类、甲壳类、双壳类除外）	1.0（去除内脏）
	鱼类、甲壳类	0.5
	双壳类	1.5

（续）

项目	食品类别（名称）	限量
镉（以 Cd 计）（mg/kg）	鱼类	0.1
	甲壳类	0.5
	双壳类、腹足类、头足类、棘皮类	2.0（去除内脏）
汞（以 Hg 计）甲基汞[a]（mg/kg）	水产动物及其制品（肉食性鱼类及其制品除外）	0.5
	肉食性鱼类及其制品	1.0
砷（以 As 计）无机砷[b]（mg/kg）	水产动物及其制品（鱼类及其制品除外）	0.5
	鱼类及其制品	0.1
铬（以 Cr 计）（mg/kg）	水产动物及其制品	2.0
N-二甲基亚硝胺（μg/kg）	水产制品（水产品罐头除外）	4.0
多氯联苯（mg/kg）	水产动物及其制品	0.5

a 水产动物及其制品可先测总汞，当总汞水平不超过甲基汞限量值时，不必测定甲基汞；否则，需再测定甲基汞。

b 对于制定无机砷的食品可先测定总砷，当总砷水平不超过无机砷限量值时，不必测定无机砷；否则，需再测定无机砷。

表 2-35 贝类毒素限量指标

项目	限量
麻痹性贝类毒素（PSP）（MU/g）	
贝类	≤4
腹泻性贝类毒素（DSP）（MU/g）	
贝类	≤0.05

表 2-36 水产品中农药最大残留限量指标

项目	食品类别/名称	再残留限量（mg/kg）
滴滴涕总量（DDT）	水产品	0.5
六六六总量（HCH）	水产品	0.1

表 2-37　水产品中兽药最大残留限量指标

项目	动物种类	靶组织	残留限量（μg/kg）
阿苯达唑	所有食品动物	肌肉	100
		脂肪	100
		肝	5 000
阿莫西林	所有食品动物（产蛋期禁用）	肌肉	50
		脂肪	50
		肝	50
	鱼	皮+肉	50
氨苄西林	所有食品动物（产蛋期禁用）	肌肉	50
		脂肪	50
		肝	50
	鱼	皮+肉	50
青霉素/普鲁卡因青霉素	鱼	皮+肉	50
氯唑西林	所有食品动物（产蛋期禁用）	肌肉	300
		脂肪	300
		肝	300
	鱼	皮+肉	300
氯氰菊酯/α-氯氰菊酯	鱼	皮+肉	50
达氟沙星	鱼	皮+肉	100
溴氰菊酯	鱼	皮+肉	30
二氟沙星	鱼	皮+肉	300
多西环素	鱼	皮+肉	100
恩诺沙星	其他动物	肌肉	100
		脂肪	100
		肝	200
	鱼	皮+肉	100
红霉素	其他动物	肌肉	200
		脂肪	200
		肝	200
	鱼	皮+肉	200
氟苯尼考	其他动物	肌肉	100
		脂肪	200

（续）

项目	动物种类	靶组织	残留限量（μg/kg）
氟苯尼考	其他动物	肝	2 000
	鱼	皮＋肉	1 000
氟甲喹	鱼	皮＋肉	500
氟胺氰菊酯	所有食品动物	肌肉	10
		脂肪	10
		副产品	10
卡那霉素	所有食品动物（产蛋期禁用，不包括鱼）	肌肉	100
		皮＋脂	100
		肝	600
林可霉素	鱼	皮＋肉	100
新霉素	所有食品动物	肌肉	500
		脂肪	500
		肝	5 500
	鱼	皮＋肉	500
苯唑西林	所有食品动物（产蛋期禁用）	肌肉	300
		脂肪	300
		肝	300
	鱼	皮＋肉	300
噁喹酸	鱼	皮＋肉	100
土霉素/金霉素/四环素	鱼	皮＋肉	200
	虾	肌肉	200
沙拉沙星	鱼	皮＋肉	30
磺胺二甲嘧啶	所有食品动物（产蛋期禁用）	肌肉	100
		脂肪	100
		肝	100
磺胺类	所有食品动物（产蛋期禁用）	肌肉	100
		脂肪	100
		肝	100
	鱼	皮＋肉	100
甲砜霉素	鱼	皮＋肉	50
甲氧苄啶	鱼	皮＋肉	50

注：鱼指鱼纲、软骨鱼、圆口鱼的水生冷血动物，不包括水生哺乳动物、无脊椎动物和两栖动物。

(三) 加工包装信息

【内容解读】

1. 加工包装批次

同原料、同工艺、同设备、同班次加工的产品即为一个加工包装批次。

2. 加工包装日期

水产品加工成为最终产品的日期为加工日期，将最终产品装入（灌入）包装物或容器中的日期为包装日期。有的最终产品加工后即可装入（灌入）包装物的，则加工日期和包装日期一致；有的最终产品加工后需暂存一段时间，待产品出厂销售时，再进行包装的，则加工日期与包装日期不同，要在包装物上分别标示，在采集加工包装日期时要分别记录，形成最终销售单元的日期。

日期标示应满足如下要求：

(1) 应清晰标示预包装食品的生产日期和保质期　例如，日期标示采用“见包装物某部位”的形式，应标示在所在包装物的具体部位。日期标示不得另外加贴、补印或篡改。

(2) 当同一预包装内含有多个标示了生产日期及保质期的单件预包装食品时，外包装上标示的保质期应按最早到期的单件食品的保质期计算　外包装上标示的生产日期应为最早生产的单件食品的生产日期，或外包装形成销售单元的日期；也可在外包装上分别标示各单件装食品的生产日期和保质期。

(3) 应按年、月、日的顺序标示日期　如果不按此顺序标示，应注明日期标示顺序。

3. 加工包装设施

冷冻水产品所涉及的生产加工包装设备包括清洗设备、分级机、剖鱼设备、单冻机、平板冻结机、包装机、热封机、日期打印（喷码）机等。

(1) 甲壳类动物

① 除头、除内脏，冻带壳的加工品。

工艺流程：原料→洗刷→去头除内脏→洗涤→沥干→装盘→冻结→包冰衣→分级称量→包装→冷藏。

② 冻整只仿对虾。

工艺流程：原料→洗净→分级→装盘→冷结→脱盘→包冰衣→包装→冷藏。

③ 冻蟹段。

工艺流程：整蟹→冲洗→剥蟹盖→斩螯除脏→切段→冲洗→沥水→装盘→冻结→包冰衣→包装→冷藏。

（2）头足类动物（冻整只乌贼、鱿鱼） 工艺流程：原料→洗净→分级→装盘→冷结→脱盘→包冰衣→包装→冷藏。

（3）鱼类

① 经济鱼类，主要有鲳、鲷、黄花鱼和带鱼等。冻鱼类分有单体和块状冻结两种形式，如鲳、鲷鱼等以单体冻结，而黄花鱼、带鱼以块状冻结。

工艺流程：原料→洗净→分级→装盘→冻结→脱盘→包冰衣→套塑料袋→装箱→冷藏。

② 小杂鱼类。

工艺流程：原料→三去（去鳞、去头、去内脏）→漂洗→沥水→称重→装袋→封口→速冻→打包→冷藏。

（4）贝类 工艺流程：原料→剥壳→取肉→漂洗→去壳去沙→沥干→称重→装盘→速冻→脱盘→包冰衣→包装→装箱→冷藏。

4. 加工水

依据 GB 2762—2017《食品安全国家标准 食品中污染物限量》，水产品及其制品中铅、镉、汞、砷、铬有限量要求。这些污染物在水产品生产加工过程中主要由加工用水所致（另外，在养殖环节主要由渔业用水、底泥、大气环境带入）。同时，加工用水还会带入微生物污染。加工用水水源类型及所需环节监测信息如下：

（1）生活饮用水 即供居民使用的自来水，原则上不需环境监测。

（2）深井水 即供水层为土层下的基岩，且井壁密封。深井水的水量常年稳定；水质稳定，不受地表水和土层渗水影响。监测频率可以根据质量变化情况确定，宜每年 1 次。

（3）浅井水 即供水层为土层。浅井水的水量不稳定，丰水期（7、8 月份为典型）水位上升，枯水期（1、2 月份为典型）水位下降；水质不稳定，受地表水和土层渗水影响。监测频率应不少于每年两次（丰水期和枯水期各 1 次）。

5. 包装材质来源

包装材质泛指直接接触并构成包装的塑料、纸张、木材、金属、纤维等材料的总称。水产品其包装方式主要有箱、袋等。

包装材质的要求。无论何种材质均应具有相应的力学性能（强度、硬度、刚性、塑性、韧性等）、渗透性（透过性和阻隔性）、耐温性（耐低温、保温性）、化学稳定性能（如耐油、耐酸、耐碱、耐腐蚀）、光学性能等，能抗御农产品在物流中正常外部条件的影响。除满足以上要求，水产品包装材料还应具有耐水性及适宜的耐温性（冷冻水产品）。

【实际操作】

1. 加工包装批次

农业生产经营主体可以根据生产实际情况进行设定加工包装批次编制规则，如有多条生产线或加工线及多个生产班次或加工班组。编制规则按年 4 位＋月 2 位＋日 2 位＋生产线或加工线 1 位＋生产班次或加工班组 1 位＋生产加工时间 1 位。其中，生产线或加工线、生产班次或加工班组、生产加工时间可以是英文字母也可以用数字表示。集团企业如有多个分公司，编制时可后缀分公司简称。加工包装批次编制规则见图 2－15。

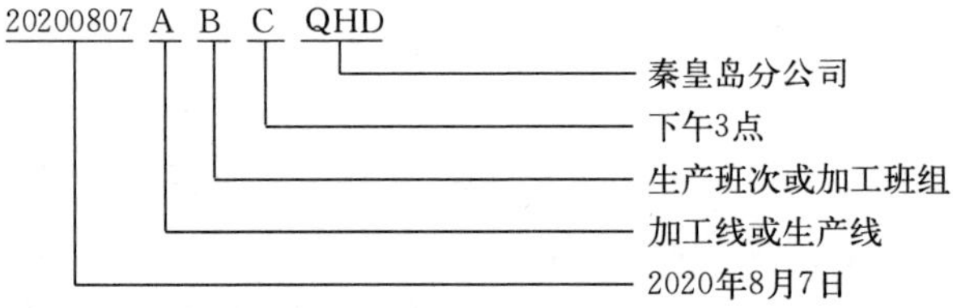

图 2－15　加工包装批次编制规则

加工包装批次记录见表 2－38。

表 2－38　加工包装批次记录

来源	加工日期	加工线名称	品种	加工班组	产品名称	包装规格	包装数量	产品追溯码/生产批次号	责任人

2. 加工包装设施

产品的加工包装过程应保证产品的品质和卫生安全，避免杂质、致病微生物及金属物（断针）等污染产品。

加工包装设施设备维修保养记录应包括下述内容：

① 生产加工设施设备的名称、生产厂商、维护保养人名称；

② 生产加工设施设备的状态、使用寿命、维修历史。

加工包装设施设备维修保养记录见表 2－39。

表 2-39 加工包装设施设备维修保养记录

设备名称	生产厂商	使用部门	维护保养情况				
			维护保养日期	设备状态	是否需进行维护	维护保养内容	维护保养人

3. 加工包装日期

加工包装日期中年、月、日可用空格、斜线、连字符、句点等符号分隔，或不用分隔符。年代号一般应标示 4 位数字，小包装食品也可以标示 2 位数字。月、日应标示 2 位数字。

日期的标示可以有如下形式：

2020 年 3 月 20 日；

2020 03 20；

2020/03/20；

20200320；

20 日 3 月 2020 年；

或采用月/日/年，如下形式：

3 月 20 日 2020 年；

03 20 2020；

03/20/2020；

03202020。

4. 加工水

为保证水产品生产工艺过程中用水的清洁卫生，其加工用水应当符合 GB 5749—2006《生活饮用水卫生标准》的要求。

5. 包装材质来源

（1）包装材料要求

① 应按包装技术要求，合理选择安全、卫生、环保的包装材料。

② 包装材料不应与内装物发生任何物理和化学作用而损坏内装物，包装材料必须是由国家批准可用于食品的材料。

③ 直接接触水产食品的包装必须符合食品卫生要求，应不易褪色、不得含有有毒有害物质、不能对内容物造成直接或间接的污染，应符合国家有关食品卫生标准和管理办法的规定。

④ 采用气调、真空等包装技术的，气密性应符合相关标准的要求。

⑤ 包装容器的生产应取得食品包装卫生许可证。对于已纳入容器生产许可管理范围的，应通过相应机构认证并取得生产许可证。

(2) 包装材料的控制

① 建立与产品直接接触内包装材料合格供方名录，制定验收标准。

② 包装材料接收时应由供方提供符合相关法律法规、标准要求的检验报告。

③ 当供方或材质发生变化时，应重新评价，并由供方提供检验报告。

(3) 包装材料采购与验收的记录应包括下述内容：

① 包装材料的名称、规格、数量、采购日期、供货单位、合格证、合同名称、采购者名称；

② 包装材料的供货清单、供货日期、供货者名称及其联系方式；

③ 包装材料的验收所依据标准或者规范的名称（或编号）、验收情况、验收不合格包装材料的处理、验收者名称；

④ 包装材料的储存地点、储存条件、保质期。例如，产品采用复合膜、袋进行包装，则依据 GB/T 21302—2007《包装用复合膜、袋通则》中规定产品保质期自生产之日起一年。

包装材料采购记录见表 2-40，包装材料验收记录见表 2-41。

表 2-40　包装材料采购记录

采购日期	包装材料名称	产品批号	规格	数量	检测报告	供货商	联系方式	采购人

表 2-41　包装材料验收记录

包装材料名称			规格	
产品批号			供应商	
验证项目				
序号	验证项目		验证情况	判定
1	尺寸		□有□无	□符合□不符合
2	破损		□有□无	□符合□不符合
3	图案、文字是否清晰、正确		□有□无	□符合□不符合
验收结果：□合格□不合格				
检验员：			检验时间：	

（四）产品储藏信息

【内容解读】

产品应放置在指定的成品库里，如有多个成品库，应对每个成品库进行编号加以区分，如成品库 1 号、成品库 2 号等；产品储藏日期应包括产品入库和出库日期；储藏设施包括控温设施、照明设施以及监控设施；成品库应有专人管理，定期检查质量和卫生情况，及时清理变质或超过保质期的产品，保管员应做好定期检查。

【实际操作】

储藏要求包括如下：

① 储存库内应保持清洁、卫生、整齐，不应存放有碍卫生的物品，同一库内不应存放可能造成相互污染或者串味的食品。应设有防霉、防鼠、防虫设施，定期消毒。

② 库内物品与墙壁距离不少于 30 cm，与地面距离不少于 10 cm，与天花板保持一定的距离，并分垛存放，标识清楚；物品出库应遵循先进先出的原则。

③ 储存库的温度、湿度应满足产品特性要求。冷藏库、速冻库、冻藏库应配备自动温度记录装置，并定期校准。冷藏库的温度控制在 0～4 ℃为宜；冻藏库温度应控制在－18 ℃以下；速冻库应控制在－28 ℃以下。

④ 建立储存设施管理记录程序。

⑤ 应记录并保存产品出入库的日期、库号、追溯码、名称、规格、数量、储藏条件、保管员，产品储藏记录见表 2-42。

表 2-42 产品储藏记录

日期	类型（出库或入库）	库号	追溯码	产品名称	规格	数量（t）	储藏条件	客户名称（出库填写）	车船号（出库填写）	保管员

（五）产品运输信息

【内容解读】

运输工具包括车、船，应进行编号；运输车应保证车厢洁净无异味，记录车辆卫生状况；应根据产品特点配备制冷、保温和温度监控等设施；运输日期和位置均应记录起止的日期和位置；运输数量可以吨或件记录。同时为了运输产品可追溯，记录上应有产品追溯码。

【实际操作】

产品运输信息见表 2-43。

表 2-43 产品运输信息

追溯码	运输工具	运输号	卫生状况	运输温度	运输日期	起止位置	运输数量（t）	责任人

（六）产品销售信息

【内容解读】

1. 分销商、零售商

产品的市场流向信息应是具体的分销商、零售商。分销商不一定直接零售，它可流转到零售商，零售商则直接销售给消费者。以上销售信息结合追溯码上反映的信息，可以确保产品追溯信息从生产到消费的可追溯性。

2. 进货时间、上市时间

这些信息是分销商、零售商应记录的信息。进货时间和上市时间可使产品不超过其保质期。

【实际操作】

产品销售信息见表 2-44。

表 2-44 产品销售信息

追溯码	分销商	零售商	进货时间	上市时间	责任人

（七）产品检验信息

【内容解读】

《食品安全法》第五十一条规定，“食品生产企业应当建立食品出厂检验记录制度，查验出厂食品的检验合格证和安全状况，如实记录食品的名称、规格、数量、生产日期或者生产批号、保质期、检验合格证号、销售日期以及购货者名称、地址、联系方式等内容，并保存相关凭证。”

第五十二条规定，“食品、食品添加剂、食品相关产品的生产者，应当按照食品安全标准对所生产的食品、食品添加剂、食品相关产品进行检验，检验合格后方可出厂或者销售”。

第八十九条规定，“食品生产企业可以自行对所生产的食品进行检验，也可以委托符合本法规定的食品检验机构进行检验。”

根据以上《食品安全法》的规定，为了便于产品追溯，产品的检验信息要进行全面采集，包括：

（1）产品的来源信息 即该批检验产品的详细来源，如该批检验产品在哪里生产、哪个批次等。检验人员应对产品出厂进行监督检查，做好产品检验工作。为了便于质量安全追溯，企业应对产品进行出厂检验，如果企业实验室具备独立检测的能力，可以自行检测；如果不具备独立检测能力，可以全部委托有资质的质检机构进行出厂检验，出厂检验报告上应记录产品的来源信息，方便企业自己管理。而追溯码为农产品终端销售时承载追溯信息直接面对消费者的专用代码，是展现给消费者具有追溯功能的统一代码，追溯码是为了管理者和消费者对产品进行追溯而设置的。

（2）产品的检测日期 例如，该批产品的出厂检测日期和型式检验日期是哪天。

（3）检测记录 企业实验室的检测人员管理档案、人员培训、上岗记录、仪器检定维护记录等。

（4）产品标准 即产品应符合的标准，普通食品、有机食品和绿色食品生产所依据的国家产品标准、有机产品标准和绿色食品产品标准。

（5）产品批次 即产品生产批次。

（6）检验结果 例如，原始记录，检验报告等。

【实际操作】

1. 产品来源

产品的来源信息体现在检验登记台账和抽样单上，检验登记台账见表2-45。

表2-45 检验登记台账

样品编号	产品名称	抽样基数	样品数量	生产日期/批次	抽样时间	抽样地点	记录人

确定来源后进行抽样，填写产品抽样单，产品抽样单见表 2－46。其中检验类别包括出厂检验、型式检验。注册商标是指经政府有关部门核准注册。抽样基数是指抽取样品的产品数量，单位为 t（吨）或 kg（千克/公斤）等，此产品数量为一个追溯精度的产量，可以是一个批次的产量。抽样方法根据产品认证类型进行选择。例如，绿色食品抽样方法应采用 NY/T 896—2015《绿色食品　产品抽样准则》。

表 2－46　产品抽样单

单位全称			
通信地址			
追溯编码		电话号码	
产品名称		型号规格	
抽样地点		注册商标	
样品数量		检验类别	
抽样基数		产品等级	
执行标准		样品状态	
生产日期		到样日期	
抽样方法：		交送质检部门方式：	
受检单位经手人（签字） 年　月　日		受检单位法人（签字） 年　月　日（公章）	
抽样单位经手人（签字） 年　月　日		抽样单位法人（签字） 年　月　日（公章）	

2. 检测机构

（1）实验室设施环境　实验室须使用面积适宜，布局合理、顺畅，无交叉污染，水电气齐备，温湿度与光线满足检测要求，通风要求良好，台面、地面清洁干净，实验室无噪声、粉尘等影响，安全设施齐全。

（2）人员管理

① 任职资格。实验室所有检测人员应具备产品检验检测相关知识，

并经化验员职业技能技术培训、考核合格取得化验员资质。

② 检测能力。检测人员要掌握分析所必需的各种实验操作技能，掌握仪器设备的维护、保养基本知识，具备独立检测能力。

③人员培训。定期对人员培训，做好相应的记录，并建立人员档案，一人一档。人员培训登记表见表 2-47。

表 2-47 人员培训登记表

文件通知			
培训人员		培训时间	
培训地点		培训内容	
学习心得			

(3) 检测设备 实验室检测仪器应定期进行检定或校准，并制订相应的检定或校准计划，保存相关记录。仪器设备应粘贴有效标识。仪器设备应授权给专人使用，并按照使用说明进行操作，定期维护，填写并保存详细的使用、维护、维修记录（表）。仪器维修记录见表 2-48，仪器设备使用与维护记录见表 2-49。

表 2-48 仪器维修记录

名称		型号		编号	
使用人		故障发生时间			
故障情况：					
故障排除情况：					
备注：					

表 2-49 仪器设备使用与维护记录

仪器名称		型号		编号	
使用日期	样品编号	检测参数	使用起止时间	仪器使用情况	环境温度（℃）

① 检查检测设备。检测设备的品种、量程、精度、性能和数量应满足原辅材料、中间产品和最终产品交收检验参数、方法、标准和工作量的要求，配备的检测设备与标准要求需要相适应。

② 计量器具检定有效。

(a) 纳入《中华人民共和国强制检定的工作计量器具明细目录》和《中华人民共和国依法管理的计量器具目录》的工作计量器具，应经有资质的计量检定机构计量检定合格，获得合格检定证书。电子天平检定证书见表 2－50。

表 2－50　电子天平检定证书示例

×××质量技术监督检验检测中心
通信地址：×××　　　　邮编：×××
电话（Tel）：×××

检 定 证 书
VERIFICATION CERTIFICATE

证书编号
Certificate No ×××
送检单位
Applicant ×××
计量器具名称
Name of Instrument 电子天平
型号/规格
Type/Specification EP211D
制造厂
Manufacturer ×××
出厂编号
Serial No ×××

检定结论
Verification Conclusion
符合 JJG 1036－2008 规程，准予作级Ⅰ使用。

批准人______
检定日期×××　　核验员______
有效期至×××　　检定员______

本证书只对此被检样品有效，未经许可不得部分复印。

计量检定机构授权证书号：(×) 法计 (××) ××

证书编号×××

检定技术依据名称及代号：《电子天平》JJG 1036—2008
Reference of Verification
检定使用的计量标准器具：
Standard of Measurement Used in this Verification
名称：　E2 级砝码
Name
型号：　——
Type
测量范围：　1 mg～600 g
Measuring Range
不确定度/准确度等级/最大允许误差：　E2 级
Uncertainty/Accuracy Class/MPE
环境条件：符合 JJG 1036—2008 规程要求
Environmental Conditions
标准证书有效期限××年××月××日
Valid Date of the Standard Certificate

检定环境条件：温度 18 ℃；湿度：40%RH

检定结果

检定结果：
d=0.01 mg；Max=210 g

检定项目		检定结果	最大允许误差
天平偏载误差		0.000 4 g	±1.0e
天平重复性		0.000 6 g	1.0e
天平示值误差	$0\leqslant m\leqslant 50$ g	0.000 5 g	±5.0e
	$50\leqslant m\leqslant 200$ g	0.000 7 g	±1.0e
	$200\leqslant m\leqslant 210$ g	0.000 8 g	±1.5e

(b) 没有计量检定规程而不能计量检定的工作计量器具，可以按 JJF 1071—2010《国家计量校准规范编写规则》要求编制自校规程进行自校，也可以委托计量检定资质机构校准。

③ 检定和检定周期。可参考 GB/T 27404—2008《实验室质量控制规范 食品理化检测》附录 B“食品理化检测实验室常用仪器设备及计量周期”的规定。

3. 检测时间和检验结果

检测结果由检验报告体现，检验报告的内容包括检验报告编号（同样品编号）、追溯码、产品名称、受检单位等。

检测原始记录是编制检验报告的依据，是查询、审查、审核检测工作质量、处理检测质量抱怨和争议的重要凭据。因此，检测原始记录内容应包括影响检测结果的全部信息，通常应包括以下要求：检测项目名称和编号、方法依据、试样状态、开始检测日期、环境条件和检测地点、仪器设备及编号、仪器分析条件、标准溶液编号、检测中发生的数据记录、计算公式、精密度信息、备注、检测、校核、审核人员签名等信息。

检验人员应对产品出厂进行监督检查，重点做好产品出厂检验工作。

(1) 出厂检验（交收检验）项目、方法要求 对正式生产的产品在出厂时必须进行的最终检验，用以评定已通过型式检验的产品在出厂时是否具有型式检验中确认的质量，是否达到良好的质量特性的要求。

产品标准中规定出厂检验（交收检验）项目和方法标准的，按产品标准的规定执行。

部分产品标准中仅规定了技术要求和参数的方法标准，没有规定产品出厂检验（交收检验）项目的，可以按国家市场监督管理总局的《食品生产许可管理办法》规定的产品出厂检验（交收检验）项目和方法标准执行。

在不违反我国法律法规、政府文件和我国现行有效标准前提下，产品出厂检验（交收检验）按贸易双方合同中约定的产品的质量安全技术要求、检验方法、判定规则的要求执行。完成出厂检验（交收检验）后，应规范地填写出厂检验报告。出厂检验报告见表 2-51。

产品在生产过程和入库后，应当按照产品标准要求检测产品的规定参数（企业可以根据本单位实际情况增加项目）。

表 2-51　出厂检验报告

样品名称			样品编号	
样品来源			代表数量	
序号	项目	标准要求	检验结果	单项判定
1				
2				
3				
……	……			
检验结论			所检项目符合××《××》标准规定的要求，判该批产品××。	
备注：追溯码				

检验人：　　　　　　　　　　　　责任人：
年　月　日　　　　　　　　　　　年　月　日

（2）*型式检验项目、方法要求*　型式检验是依据产品标准，对产品各项指标进行的全面检验，以评定产品质量是否全面符合标准。

①在有下列情况之一时进行型式检验：

（a）新产品或者产品转厂生产的试制定型鉴定；

（b）正式生产后，如结构、材料、工艺有较大改变，可能影响产品性能时；

（c）长期停产后，如结构、材料、工艺有较大改变，可能影响产品性能时；

（d）长期停产后恢复生产时；

（e）正常生产，按周期进行型式检验；

（f）出厂检验（交收检验）结果与上次型式检验有较大差异时；

（g）国家质量监督机构提出进行型式检验要求时；

（h）用户提出进行型式检验的要求时。

② 型式检验的检验项目、检验方法标准、检验规则均按产品标准规定执行。按需要还可增测产品生产过程中实际使用，而产品标准中没有要求的某一种或多种渔药、食品添加剂等安全指标参数。

③ 根据企业实验室技术水平和检测能力，可以由企业实验室独立承担、或部分自己承担和部分委托、也可全部委托有资质的质检机构承担型式检验。

④ 农产品型式检验的检验频次应保持在每年 1 次。

⑤ 产品检测原始记录：试样名称、样品唯一性编号、追溯码、检验

依据、检验项目名称、检验方法标准、仪器设备名称、仪器设备型号、仪器设备唯一性编号、检测环境条件（温湿度）、两个平行检测过程及结果导出的可溯源的检测数据信息（包含称样量、计量单位、标准曲线、计算公式、误差、检出限等）、检测人员、检测日期、审核人、审核日期。

⑥ 产品检验报告：检验报告编号（同样品编号）、追溯码、产品名称、受检单位（人）、生产单位、检验类别、商标、规格型号、样品等级、抽样基数、样品数量、生产日期、样品状态、抽样日期、抽样地点、检验依据、检验项目、计量单位、标准要求、检测结果、单项结论、检测依据、检验结论、批准人、审核人、制表人、签发日期。型式检验报告见表2-52。

表 2-52 型式检验报告

*****监督检验测试中心（**）**

检 验 报 告

№：　　　　　　　　　　　　　　　　　　　　　　　　共 2 页第 1 页

产品名称		型号规格	
抽检单位		商标	
受检单位		检验类别	
		样品等级	
生产单位		样品状态	
抽样地点		抽样日期 到样日期	
样品数量		抽样者 送样者	
抽样基数		原编号或 生产日期	
检验依据		检验项目	见报告第 2 页
所用 主要仪器		实验 环境条件	
检验 结论	（检验检测专用章） 签发日期：　年　月　日		
备注	追溯码：		

批准：　　　　　　　　审核：　　　　　　　　制表：

* **监督检验测试中心（* *）

检测结果报告书

No： 共2页第2页

序号	检验项目	单位	标准要求	检测结果	单项结论	检测依据
1						
2						
3						
4						
5						
6						
7						
8						
……						
注：						

（八）饲料购入及使用

【标准原文】

7.3.2.1 饲料购入

饲料原料来源、饲料添加剂来源、通用名、生产企业、生产许可证号、批准文号、产品批次号/生产日期、购入日期、领用人等。

7.3.2.2 饲料使用

投饲（饵）量、使用方法、使用日期/使用起止日期等。

【内容解读】

1. 饲料

水产饲料是专门为水生动物养殖提供的饲料，包括天然饵料和人工配合饲料。饲料既包括饲料原料，也包括由各种原料加工而成的工业饲料，如添加剂预混料和配合饲料等。所谓配合饲料，是指根据水生动物营养需要，将多种原料按一定比例均匀混合，经加工而成一定形状的饲料产品。

（1）配合饲料分类 配合饲料可提高饲料的利用效率，其分类法甚多。按饲喂品种，水产饲料可分为鱼饲料、虾蟹饲料、甲鱼饲料和蛙饲料；依照饲料的形态可分为粉状饲料、膨化饲料、颗粒状饲料和微型饲料4种。依照饲料在水中的沉浮分为浮性饲料、半浮性饲料和沉性饲料3种。依照饲料的营养成分可分为配合饲料、浓缩饲料、添加剂预混合饲料和添加剂4种。

现按形态分类对主要种类分述如下：

① 粉状饲料。粉状饲料就是将原料粉碎，并达到一定程度，混合均匀后而成。因饲料中含水量不同而有粉末状、浆状、糜状、面团状等区别。粉状饲料适用于饲养鱼苗、小鱼种以及摄食浮游生物的鱼类。粉状饲料经过加黏合剂、淀粉和油脂喷雾等加工工艺，再揉压而成面团状或糜状，适用于鳗鱼、甲鱼及其他名贵肉食性鱼类食用。

② 颗粒饲料。饲料原料先经粉碎（或先混匀），再充分搅拌混合，加水和添加剂，在颗粒机中加工成型的颗粒状饲料总称为颗粒饲料，可以分以下2种：

（a）硬颗粒饲料。成型饲料含水量低于13%，颗粒密度大于1.3 g/m^3，沉性。蒸气调质80 ℃以上，硬性，直径1～8 mm，长度为直径的1～2倍。适合于养殖鲑、鳟、鲤、鲫、草鱼、青鱼、团头鲂、罗非鱼等品种。

（b）软颗粒饲料。成型饲料含水量20%～30%，颗粒密度1～1.3 g/m^3，软性，直径1～8 mm，面条状或颗粒状饲料。在成型过程中不加蒸气，但需加水40%～50%，成型后干燥脱水。草食性、肉食性或偏肉食的杂食性鱼都喜食这种饲料，如草鱼、鳗、鲤、鲈等。软颗粒饲料的缺点是含水量大、易生霉变质、不易储藏及运输。

③ 膨化颗粒饲料。成型后含水量小于硬颗粒饲料，颗粒密度约0.6 g/m^3，为浮性泡沫状颗粒。可在水面上漂浮12～24 h不溶散，营养成分溶失小，又能直接观察鱼吃食情况，便于精确掌握投饲量，所以饲料利用率较高。主要用于养殖锦鱼、鲕和真鲷。

④ 微型颗粒饲料。微型颗粒饲料直径在500 μm以下，甚至小至8 μm的新型饲料的总称。它们常作为浮游生物的替代物，称为人工浮游生物。主要用于饲养刚孵化的鱼苗、虾蟹类和贝类，也称为开口饲料。

2. 饲料储存

饲料储存期发生污染可使饲料营养价值下降，甚至产生毒素，危及动物和消费者健康，应引起充分注意，采取以下措施：

① 仓库应牢固安全，不漏雨、不潮湿，门窗齐全，能通风、能封闭；

② 应有防潮、防虫、防鼠、防鸟设施；

③ 库内不准堆放化肥、农药、兽药、易腐蚀、有毒有害等与饲料无关的物资；

④ 配备测温设备、测湿设备、通风设备等；

⑤ 饲料储存堆放应充分考虑安全，定期对温、湿度进行监测，防止霉变。

【实际操作】

1. 饲料采购及使用信息记录内容

饲料使用信息的具体内容如下：

① 饲料名称：配合饲料名称。若有饲料添加剂，应在备注项内注明其成分。

② 饲料来源：应注明供应商名称，同时应注明生产许可证号、批准文件号（标明我国法律和行政管理部门允许生产）、产品批号（标明批次，便于追溯）。

③ 产品标准。

④ 保质期。

⑤ 饲喂动物。

⑥ 使用环节、信息采集点。

⑦ 使用时间。

⑧ 使用量。

⑨ 饲料储存条件（温度、湿度、堆码方式、通风状况）。

⑩ 需记录的其他信息。

饲料采购及使用信息见表2-53。

表2-53 饲料采购及使用信息

序号	环节	采集点	通用名	生产商名称	生产许可证号	批准文号	产品批次号（或生产日期）	购买数量（t或kg）	有效期	投饲对象	成分及含量	投饲量（kg）	投饲时间	施用地（池或车间）	施用人	备注

（九）渔药购入及使用

【标准原文】

7.3.2.3 渔药购入

通用名、生产企业、生产许可证号、批准文号/进口兽药为注册证号、产品批次号/生产日期、剂型、有效成分及含量、购入日期、领用人等。

7.3.2.4 渔药使用

通用名、生产企业、产品批次号/生产日期、稀释倍数、使用量、使用方式、使用频率和日期、休药期、不良反应等。若渔药的购入和渔药使用为同一部门或同一个人操作，则该两记录表格宜合并。

注：疫苗、消毒剂、催产剂、渔用诊断制品属于渔药，但不记录休药期。

【内容解读】

1. 渔药

见第二章第二节“实际操作”中“14. 渔药”部分。

2. 渔药购入及使用基本原则

① 水生动植物增养殖过程中对病虫害的防治，坚持“以防为主，防治结合”。

② 在水产动物病害控制过程中，应在水生动物类执业兽医的指导下用药。

③ 所用渔药应为中华人民共和国农业农村部公布的《兽药试行标准转正标准目录》中的渔药，渔药生产经营单位应符合《兽药管理条例》规定的条件。

④ 用于预防或治疗疾病的渔药应符合中华人民共和国农业农村部《中华人民共和国兽药典》《兽药质量标准》《兽用生物制品质量标准》《进口兽药质量标准》等有关规定。

⑤ 食用水产品上市前，其休药期应满足中华人民共和国公告第278号规定、《中国兽药典：兽药使用指南·化学品卷》（2010版）的规定。

⑥ 所用渔药应按药物标签、说明书用药，禁止随意地加大剂量、延长用药时间、同时使用多种药物、标签外用药。

⑦ 建立用药档案，健全用药记录。

⑧ 食用鲜活水产品运输过程中不使用药物，如使用孔雀石绿减少运输中发病和死亡。

【实际操作】

1. 渔药购入及使用信息记录内容

信息记录表见表2－16、表2－17、表2－18。所列信息解释如下：

① 渔药名称：应记录通用名称，不应记录商品名称（由于商品名称多样、不规范，不利于质量安全追溯，应使用通用名称）。

② 渔药来源：应注明供应商名称，同时应注明生产许可证号、产品

批准文件号（表明我国法律和行政管理部门允许生产）、产品标准号、产品批号或生产日期（标明批次，便于追溯）。

③ 防治对象。

④ 有效成分含量。

⑤ 使用量。

⑥ 使用方式。

⑦ 用药池塘或车间。

⑧ 用药环节、次数和时间。

⑨ 捕捞日期及休药期。

⑩ 用药责任人。

⑪ 需记录的其他信息（备注）。

2. 渔药使用的相关规定

中华人民共和国农业部公告第 2292 号规定自 2016 年 12 月 31 日起，停止经营、使用用于食品动物的洛美沙星、培氟沙星、氧氟沙星、诺氟沙星 4 种原料药的各种盐、酯及其各种制剂。

中华人民共和国农业农村部公告第 250 号《食品动物中禁止使用的药品及其他化合物清单》见表 2－54。农业部公告第 193 号、235 号、560 号等文件中的相关内容同时废止。

表 2－54　食品动物中禁止使用的药品及其他化合物清单

序号	药品及其他化合物名称
1	酒石酸锑钾（Antimony potassium tartrate）
2	β-兴奋剂（β-agonists）类及其盐、酯
3	汞制剂：氯化亚汞（甘汞）（Calomel）、醋酸汞（Mercurous acetate）、硝酸亚汞（Mercurous nitrate）、吡啶基醋酸汞（Pyridyl mercurous acetate）
4	毒杀芬（氯化烯）（Camahechlor）
5	卡巴氧（Carbadox）及其盐、酯
6	呋喃丹（克百威）（Carbofuran）
7	氯霉素（Chloramphenicol）及其盐、酯
8	杀虫脒（克死螨）（Chlordimeform）
9	氨苯砜（Dapsone）
10	硝基呋喃类：呋喃西林（Furacilinum）、呋喃妥因（Furadantin）、呋喃它酮（Furaltadone）、呋喃唑酮（Furazolidone）、呋喃苯烯酸钠（Nifurstyrenate sodium）
11	林丹（Lindane）

（续）

序号	药品及其他化合物名称
12	孔雀石绿（Malachite green）
13	类固醇激素：醋酸美仑孕酮（Melengestrol Acetate）、甲睾酮（Methyltestosterone）、群勃龙（去甲雄三烯醇酮）（Trenbolone）、玉米赤霉醇（Zeranal）
14	甲喹酮（Methaqualone）
15	硝呋烯腙（Nitrovin）
16	五氯酚酸钠（Pentachlorophenol sodium）
17	硝基咪唑类：洛硝达唑（Ronidazole）、替硝唑（Tinidazole）
18	硝基酚钠（Sodium nitrophenolate）
19	己二烯雌酚（Dienoestrol）、己烯雌酚（Diethylstilbestrol）、己烷雌酚（Hexoestrol）及其盐、酯
20	锥虫砷胺（Tryparsamile）
21	万古霉素（Vancomycin）及其盐、酯

NY 5071—2002《无公害食品 渔用药物使用准则》中禁用渔药见表2-55。

表2-55 禁用渔药

药物名称	化学名称（组成）	别名
地虫硫磷 fonofos	O-2基-S苯基二硫代磷酸乙酯	大风雷
六六六 BHC（HCH） benzem，bexachloridge	1，2，3，4，5，6-六氯环己烷	
林丹 Lindane， gammaxare gamma-BHC gammaxare-HCH	γ-1，2，3，4，5，6-六氯环己烷	丙体六六六
毒杀芬 camphechlor（ISO）	八氯莰烯	氯化莰烯
滴滴涕 DDT	2，2-双（对氯苯基）-1，1，1-三氯乙烷	
甘汞 calomel	氯化汞	

（续）

药物名称	化学名称（组成）	别名
硝酸亚汞 mercurous nitrate	硝酸亚汞	
醋酸汞 mercuric acetate	醋酸汞	
呋喃丹 carbofuran	2，3-二氢-2，2-二甲基-7-苯并呋喃基—甲基氨基甲酸酯	克百威、大扶农
杀虫脒 chlordimeform	N-（2-甲基-4-氯苯基）N′，N′-二甲基甲脒盐酸盐	克死螨
双甲脒 anitraz	1，5-双-（2，4-二甲基苯基）-3-甲基-1，3，5-三氮戊二烯-1，4	二甲苯胺脒
氟氯氰菊酯 cyfluthrin	α-氰基-3-苯氧基-4-氟苄基（1R，3R）-3-（2，2-二氯乙烯基）-2，2-二甲基环丙烷羧酸酯	百树菊酯、百树得
氟氰戊菊酯 flucythrinate	（R，S）-α-氰基-3-苯氧苄基-（R，S）-2-（4-二氟甲氧基）-3-甲基丁酸酯	保好江乌、氟氰菊酯
五氯酚钠 PCP-Na	五氯酚钠	
孔雀石绿 Malachite green	$C_{23}H_{25}ClN_2$	碱性绿、盐基块绿、孔雀绿
锥虫胂胺 tryparsamide		
酒石酸锑钾 antimonyl potassium tartrate	酒石酸锑钾	
磺胺噻唑 sulfathiazolum ST，norsultazo	2-（对氨基苯磺酰胺）-噻唑	消治龙
磺胺脒 sulfaguanidine	N_1-脒基磺胺	磺胺胍
呋喃西林 Furacillinum，nitrofurazone	5-硝基呋喃醛缩氨基脲	呋喃西林
呋喃唑酮 Furazolidonum，nifulidone	3-（5-硝基糠叉胺基）-2-噁唑烷酮	痢特灵

（续）

药物名称	化学名称（组成）	别名
呋喃那斯 Furanace，nifurpirinol	6-羟甲基-2-[-(5-硝基-2-呋喃基乙烯基)]吡啶	P-7138 （实验名）
氯霉素（包括其盐、酯及制剂）chloramphennicol	由委内瑞拉链霉素产生或合成法制成	
红霉素 erythromycin	属微生物合成，是 *Streptomyces eyythreus* 产生的抗生素	
杆菌肽锌 zinc bacitracin premin	由枯草杆菌 *Bacillus subtilis* 或 *B. leicheniformis* 所产生的抗生素，为一含有噻唑环的多肽化合物	枯草菌肽
泰乐菌素 tylosin	*S. fradiae* 所产生的抗生素	
环丙沙星 ciprofloxacin（CIPRO）	为合成的第三代喹诺酮类抗菌药，常用盐酸盐水合物	环丙氟哌酸
阿伏帕星 avoparcin		阿伏霉素
喹乙醇 olaquindox	喹乙醇	喹酰胺醇羟乙喹氧
速达肥 fenbendazole	5-苯硫基-2-苯并咪唑	苯硫哒唑氨甲基甲酯
己烯雌酚（包括雌二醇等其他类似合成等雌性激素） diethylstilbestrol，stilbestrol	人工合成的非甾体雌激素物质	乙烯雌酚，人造求偶素
甲基睾丸酮 （包括丙酸睾丸素、去氢甲睾酮以及同化物等雄性激素） methyltestosterone，metandren	睾丸素 C_{17} 的甲基衍生物	甲睾酮甲基睾酮

NY/T 755—2013《绿色食品 渔药使用准则》中生产 A 级绿色食品预防用化学药物及生物制品目录见表 2-56。

表 2-56 生产 A 级绿色食品预防用化学药物及生物制品目录

类别	制剂及主要成分	作用与用途	注意事项
调节代谢或生长药物	维生素 C 钠粉	预防和治疗水生动物的维生素 C 缺乏症等	勿与维生素 B_{12}、维生素 K_3 合用，以免氧化失效； 勿与含铜、锌离子的药物混合使用
疫苗	草鱼出血病灭活疫苗	预防草鱼出血病。免疫期 12 个月	切记冻结，冻结的疫苗严禁使用； 使用前，应先使疫苗恢复至室温，并充分摇匀； 开瓶后，限 12 h 内用完； 接种时，应做局部消毒处理； 使用过的疫苗瓶、器具和未用完的疫苗等应进行消毒处理
	牙鲆鱼溶藻弧菌、鳗弧菌、迟缓爱德华病多联抗独特型抗体疫苗	预防牙鲆鱼溶藻弧菌、鳗弧菌、迟缓爱德华病。免疫期为 5 个月	本品仅用于接种健康鱼； 接种、浸泡前应停食至少 24 h，浸泡时向海水内充气； 注射时疫苗使用时应将疫苗与等量的弗式不完全佐剂充分混合。浸泡型疫苗倒入海水后也要充分搅拌，使疫苗均匀分布于海水中； 弗式不完全佐剂在 2～8 ℃储藏，疫苗开封后，应限当日用完； 注射接种时，应尽量避免操作对鱼造成的损伤； 接种疫苗时，应使用 1 mL 的一次性注射器，注射中应注意避免针孔堵塞； 浸泡的海水温度以 15～20 ℃为宜； 使用过的疫苗瓶、器具和未用完的疫苗等应进行消毒处理
	鱼嗜水气单胞菌败血症灭活疫苗	预防淡水鱼类特别是鲤科鱼的嗜水气单胞菌败血症。免疫期为 6 个月	切记冻结，冻结的疫苗严禁使用，疫苗稀释后，限当日用完； 使用前，应先使疫苗恢复至室温，并充分摇匀； 接种时，应做局部消毒处理； 使用过的疫苗瓶、器具和未用完的疫苗等应进行消毒处理

（续）

类别	制剂及主要成分	作用与用途	注意事项
疫苗	鱼虹彩病毒病灭活疫苗	预防真鲷、鲫鱼属、拟鲹的虹彩病毒病	仅用于接种健康鱼； 本品不能与其他药物混合使用； 对真鲷接种时，不应使用麻醉剂； 使用麻醉剂时，应正确掌握方法和用量； 接种前应停食至少 24 h； 接种本品时，应采用连续性注射，并采用适宜的注射深度，注射中应避免针孔堵塞； 应使用高压蒸汽消毒或者煮沸消毒过的注射器； 使用前充分摇匀； 一旦开瓶，一次性用完； 使用过的疫苗瓶、器具和未用完的疫苗等应进行消毒处理； 应避免冻结； 疫苗应储藏于冷暗处； 如意外将疫苗污染到人的眼、鼻、嘴中或注射到人体内时，应及时对患部采取消毒等措施
	鲫鱼格氏乳球菌灭活疫苗（BY1 株）	预防出口日本的五条鲫、杜氏鲫（高体鲫）格氏乳球菌病	营养不良、患病或疑似患病的靶动物不可注射，正在使用其他药物或停药 4 d 内的靶动物不可注射； 靶动物需经 7 d 驯化并停止喂食 24 h 以上，方能注射疫苗，注射 7 d 内应避免运输； 本疫苗在 20 ℃以上的水温中使用； 本品使用前和使用过程中注意摇匀； 注射器具应经高压蒸汽灭菌或煮沸等方法消毒后使用，推荐使用连续注射器； 使用麻醉剂时，遵守麻醉剂用量； 本品不与其他药物混合使用； 疫苗一旦开启，尽快使用； 妥善处理使用后的残留疫苗、空瓶和针头等； 避光、避热、避冻结； 使用过的疫苗瓶、器具和未用完的疫苗等应进行消毒处理

（续）

类别	制剂及主要成分	作用与用途	注意事项
消毒用药	溴氯海因粉	养殖水体消毒；预防鱼、虾、蟹、鳖、贝、蛙等由弧菌、嗜水气单胞菌、爱德华氏菌等引起的出血、烂鳃、腐皮、肠炎等疾病	勿用金属容器盛装； 缺氧水体禁用； 水质较清，透明度高于 30 cm 时，剂量酌减； 苗种剂量减半
	次氯酸钠溶液	养殖水体、器械的消毒与杀菌；预防鱼、虾、蟹的出血、烂鳃、腹水、肠炎、疖疮、腐皮等细菌性疾病	本品受环境因素影响较大，因此使用时应特别注意环境条件，在水温偏高、pH 较低、施肥前使用效果更好； 本品有腐蚀性，勿用金属容器盛装，会伤害皮肤； 养殖水体水深超过 2 m 时，按 2 m 水深计算用药； 包装物用后集中销毁
	聚维酮碘溶液	养殖水体的消毒，防治水产养殖动物由弧菌、嗜水气单胞菌、爱德华氏菌等引起的细菌性疾病	水体缺氧时禁用； 勿用金属容器盛装； 勿与强碱类物质及重金属物质混用； 冷水性鱼类慎用
	三氯异氰脲酸粉	水体、养殖场所和工具等消毒以及水产动物体表消毒等，防治鱼虾等水产动物的多种细菌性和病毒性疾病	不得使用金属容器盛装，注意使用人员的防护； 勿与碱性药物、油脂、硫酸亚铁等混合使用； 根据不同的鱼类和水体的 pH，使用剂量适当增减
	复合碘溶液	防治水产养殖动物细菌性和病毒性疾病	不得与强碱或还原剂混合使用； 冷水鱼慎用

（续）

类别	制剂及主要成分	作用与用途	注意事项
消毒用药	蛋氨酸碘粉	消毒药，用于防治对虾白斑综合征	勿与维生素C类强还原剂同时使用
	高碘酸钠	养殖水体的消毒；防治鱼、虾、蟹等水产养殖动物由弧菌、嗜水气单胞菌、爱德华氏菌等细菌引起的出血、烂鳃、腹水、肠炎、腐皮等细菌性疾病	勿用金属容器盛装； 勿与强碱类物质及含汞类药物混用； 软体动物、鲑等冷水性鱼类慎用
	苯扎溴铵溶液	养殖水体消毒，防治水产养殖动物由细菌性感染引起的出血、烂鳃、腹水、肠炎、疖疮、腐皮等细菌性疾病	勿用金属容器盛装； 禁与阴离子表面活性剂、碘化物和过氧化物等混用； 软体动物、鲑等冷水性鱼类慎用； 水质较清的养殖水体慎用； 使用后注意池塘增氧； 包装物使用后集中销毁
	含氯石灰	水体的消毒，防治水产养殖动物由弧菌、嗜水气单胞菌、爱德华氏菌等细菌引起细菌性疾病	不得使用金属器具； 缺氧、浮头前后严禁使用； 水质较瘦、透明度高于30 cm时，剂量减半； 苗种慎用； 本品杀菌作用快而强，但不持久，且受有机物的影响，在实际使用时，本品需与被消毒物至少接触15～20 min
	石灰	鱼池消毒、改良水质	

（续）

类别	制剂及主要成分	作用与用途	注意事项
渔用环境改良剂	过硼酸钠	增加水中溶氧，改善水质	本品为急救药品，根据缺氧程度适当增减用量，并配合冲水，增加增氧机等措施改善水质； 产品有轻微结块，压碎使用； 包装物用后集中销毁
	过碳酸钠	水质改良剂，用于缓解和解除鱼、虾、蟹等水产养殖动物因缺氧引起的浮头和泛塘	不得与金属、有机溶剂、还原剂等接触； 按浮头处水体计算药品用量； 视浮头程度决定用药次数； 发生浮头时，表示水体严重缺氧，药品加入水体后还应采取冲水，开增氧机等措施； 包装物使用后集中销毁
	过氧化钙	池塘增氧，防治鱼类缺氧浮头	对于一些无更换水源的养殖水体，应定期使用； 严禁与含氯制剂、消毒剂、还原剂等混放； 严禁与其他化学试剂混放； 长途运输时常使用增氧设备，观赏鱼长途运输禁用
	过氧化氢溶液	增加水体溶氧	本品为强氧化剂、腐蚀剂，使用时顺风向泼洒，勿将药液接触皮肤，如接触皮肤应立即用清水冲洗

NY/T 755—2013《绿色食品　渔药使用准则》中生产A级绿色食品治疗用化学药物及生物制品目录见表2-57。

表2-57　生产A级绿色食品治疗用化学药物及生物制品目录

类别	制剂与主要成分	作用与用途	注意事项	不良反应
抗微生物药物	盐酸多西环素粉	治疗鱼类由弧菌、嗜水气单胞菌、爱德华菌等细菌引起的细菌性疾病	均匀拌饵投喂； 包装物用后集中销毁	长期应用可引起二重感染和肝脏损害

（续）

类 别	制剂与主要成分	作用与用途	注意事项	不良反应
抗微生物药物	氟苯尼考粉	防治淡、海水养殖鱼类由细菌引起的败血症、溃疡、肠道疾病、烂鳃病以及虾红体病、蟹腹水病	混拌后的药饵不宜久置； 不宜高剂量长期使用	高剂量长期使用对造血系统具有可逆性抑制作用
	氟苯尼考粉预混剂（50%）	治疗嗜水气单胞菌、副溶血弧菌、溶藻弧菌、链球菌等引起的感染，如鱼类细菌性败血症、溶血性腹水病、肠炎、赤皮病等，也可治疗虾、蟹类弧菌病，罗非鱼链球菌病等	预混剂须先用食用油混合，之后再与饲料混合，为确保均匀，本品须先与少量饲料混匀，再与剩余饲料混匀； 使用后须用肥皂和清水彻底洗净饲料所用的设备	高剂量长期使用对造血系统具有可逆性抑制作用
	氟苯尼考粉注射液	治疗鱼类敏感菌所致疾病		
	硫酸锌霉素	用于治疗鱼、虾、蟹等水产动物由气单胞菌、爱德华氏菌引起的肠道疾病		
驱杀虫药物	硫酸锌粉	杀灭或驱除河蟹、虾类等的固着类纤毛虫	禁用于鳗鲡； 虾蟹幼苗期及脱壳期中期慎用； 高温低压气候注意增氧	
	硫酸锌三氯异氰脲酸粉	杀灭驱除河蟹、虾类等水生动物的固着类纤毛虫	禁用于鳗鲡； 虾蟹幼苗期及脱壳期中期慎用； 高温低压气候注意增氧	

（续）

类 别	制剂与主要成分	作用与用途	注意事项	不良反应
驱杀虫药物	盐酸氯苯胍粉	鱼类孢子虫病	搅拌均匀，严格按照推荐剂量使用； 斑点叉尾鮰慎用	
	阿苯达唑粉	治疗海水鱼类线虫病和由双鳞盘吸虫、贝尼登虫等引起的寄生虫病；淡水养殖鱼类由指环虫、三代虫以及黏孢子虫等引起的寄生虫病		
	地克珠利预混剂	防止鲤科鱼类黏孢子虫、碘孢虫、尾孢虫、四级虫、单级虫等孢子虫病		
消毒用药	聚维酮碘溶液	养殖水体的消毒，防治水产养殖动物由弧菌、嗜水气单胞菌、爱德华氏菌等细菌引起的细菌性疾病	水体缺氧时禁用； 勿用金属容器盛装； 勿与强碱类物质及重金属物质混用； 冷水性鱼类慎用	
	三氯异氰脲酸粉	水体、养殖场所和工具等消毒以及水产动物体表消毒等，防治鱼虾等水产动物的多种细菌性和病毒性疾病的作用	不得使用金属容器盛装，注意使用人员的防护； 勿与碱性药物、油脂、硫酸亚铁等混合使用； 根据不同的鱼类和水体的pH，使用剂量适当增减	

（续）

类 别	制剂与主要成分	作用与用途	注意事项	不良反应
消毒用药	复合碘溶液	防治水产养殖动物细菌性和病毒性疾病	不得与强碱或还原剂混合使用；冷水鱼慎用	
	蛋氨酸碘粉	消毒药，用于防治对虾白斑综合征	勿与维生素C类强还原剂同时使用	
	高碘酸钠	养殖水体的消毒；防治鱼、虾、蟹等水产养殖动物由弧菌、嗜水气单胞菌、爱德华氏菌等细菌引起的出血、烂鳃、腹水、肠炎、腐皮等细菌性疾病	勿用金属容器盛装； 勿与强碱类物质及含汞类药物混用； 软体动物、鲑等冷水性鱼类慎用	
	苯扎溴铵溶液	养殖水体消毒，防治水产养殖动物由细菌性感染引起的出血、烂鳃、腹水、肠炎、疥疮、腐皮等细菌性疾病	勿用金属容器盛装； 禁与阴离子表面活性剂、碘化物和过氧化物等混用； 软体动物、鲑等冷水性鱼类慎用； 水质较清的养殖水体慎用； 使用后注意池塘增氧； 包装物使用后集中销毁	

（十）农药购入及使用

【标准原文】

7.3.2.5 农药购入

通用名、生产企业、生产许可证号、登记证号、产品批次号/生产日期、剂型、有效成分及含量、购入日期、领用人等。例如，用于水体的杀虫剂、杀菌剂或除草剂。

7.3.2.6 农药使用

通用名、生产企业、产品批次号/生产日期、稀释倍数、使用量、使用方式、使用频率和日期、安全间隔期等。若农药的购入和农药使用为同一部门或同一个人操作，则该两记录表格宜合并。

【内容解读】

养殖基地出于美观考虑，对养殖池埂上杂草进行清理时，可以使用农药，但不得将农药用于渔业生产。

《农药管理条例》第三十四条：剧毒、高毒农药不得用于防治卫生害虫，不得用于蔬菜、瓜果、茶叶、菌类、中草药材的生产，不得用于水生植物的病虫害防治。

2020年，农业农村部渔业渔政管理局印发了《农业农村部关于加强海参养殖用药监管的紧急通知》。该通知要求，水产养殖生产过程中除合法使用水产养殖用兽药、水产养殖饲料以外，不得使用其他投入品。

（十一）饵料、渔用环境改良及人工海水用试剂

【标准原文】

7.3.2.7 饵料、渔用环境改良及人工海水用试剂

成分及其含量、投放后浓度、配制日期、投放日期等。

【内容解读】

1. 生物饵料

指经过人工筛选和优化培育，以活体作为水产养殖动物幼体食用的专门饵料。与配合饲料相比，生物饵料具有种类多、增殖速度快、营养全价、适口性好、能增强养殖对象抗病能力等特点。

目前，国内外常用的生物饵料种类如下：

（1）植物性饵料　包括单细胞藻类（小球藻、微绿球藻、扁藻、盐藻、褐指藻、菱形藻、角毛藻、等鞭金藻、骨条藻、螺旋藻等）和光合细菌；单细胞藻类饵料对鱼、虾、蟹幼体开口阶段的发育，特别是在对虾类育苗从无节幼体变态为蚤状幼体时具有重要作用。扁藻、金藻等可维持对虾、蟹类的发育和蜕皮变态；杂色蛤仔浮游幼虫阶段的面盘幼虫阶段优先摄食小球藻；鲍浮游幼体发育生长至稚鲍过程中，通过利用易消化的硅藻

细胞内含物可进入快速生长阶段。

（2）动物性饵料　包括轮虫、卤虫、桡足类、枝角类、端足类、糠虾等。7～9日龄的泥鳅对轮虫表现出较强的摄食喜好；卤虫对大菱鲆幼体进行投喂，不仅能够提高海水鱼的成活率，同时也能够提高生物体的机能，提高其成活率。

2. 渔用环境改良剂

其作用是改善养殖的水环境，促进水产养殖动物的生长和发育，抑制有害细菌的繁殖。环境改良剂包括池底改良剂和水质改良剂，一般分为化学性环境改良剂和生物性环境改良剂2种。

（1）常见的化学环境改良剂

① 生石灰（氧化钙）。氧化钙除可促进池底有机物分解外，还具有较好的改善水质的作用。氧化钙遇水后生成氢氧化钙，提高海水的pH，减少水中硫化氢的数量，促进厌氧菌群对有机物的矿化作用。同时，氧化钙还能与某些金属，如铜、锌、铁等络合，从而减少其在水中的毒性。

② 沸石。沸石是一种含碱金属或碱土金属的铝硅酸盐矿石。沸石可分为钠沸石、钙沸石、方沸石、束沸石、菱沸石、片沸石等30余种。

沸石含有丰富的可交换性盐基（钠、钾、钙盐等）和众多的孔道，可吸附各种有机腐化物、细菌、氨氮、甲烷和二氧化碳等有毒物质。同时，还对重金属离子具有吸附及选择性交换能力。沸石中还含有多种金属氧化物，其中氧化铁可与硫化氢作用，生成无毒的硫化铁，从而起到改善池底的作用。

③ 麦饭石。麦饭石是一种以氧化硅为主，含有多种元素和金属氧化物的矿石，与沸石一样，含有众多的腔隙和孔道，质地较松软。在海水中有吸附杂菌、有机物、氨、硫化氢及调节pH的作用。

④ 膨润土。又名斑脱岩，属黏土类矿物盐，主要由28面体型蒙脱石（含量达75%以上）组成。其物化特性是高铝、低铁、富含氧化物，分散性能和成胶性能都很好；透气性能较好，具有强烈的吸水性，入水后能迅速溃化成微小颗粒，体积膨胀10～30倍，在水中呈悬浮和凝胶状，可吸附和凝聚水中悬浮物（包括溶解有机质），使其沉淀和覆盖池底，从而起到降低池水富营养程度，减少底质耗氧量，控制营养盐类溶出速度。此外，还有良好的阳离子交换性能和黏结力，使其具有净化和改良水质的作用。

⑤ 钢渣。钢渣是指炼钢厂平炉的余渣，外观深灰色或褐黑色，含有多种金属氧化物，主要成分为二氧化硅（SO_2）、氧化亚铁（FeO）、氧化钙（CaO）、氧化铁（Fe_2O_3）等，其中氧化铁含量通常占25%左右。其作为池底改良剂的作用是：通过其中的氧化钙消毒海水，改良底质；一部分含氧化合物入水后释放出氧，有利于养殖的水产动物；其中氧化铁与硫

化氢作用，生成无毒硫化铁沉淀，起到解毒作用。

⑥ 活性炭。活性炭是以含碳为主的物质为原料，如煤、木屑、果壳及含碳有机废渣等，经高温炭化和活化制得的疏性吸附剂。外观为暗黑色，具有良好的吸附性能。化学稳定性好，可耐强酸及强碱，能经受水浸及高温，其密度小于水。活性炭具有以下特性：

（a）多孔性：活性炭在制造过程中，原料中挥发性有机物去除后，晶格间的空隙形成许多形状和大小不同的细孔。

（b）元素组成：在活性炭元素组成中，碳占70%～90%。

（c）表面氧化物：活性炭中氢氧的存在，对活性炭的吸附性及其他特性影响极大。在炭化及活化过程中，由于氢氧以化合键结合，使活性表面上存在着各种有机团形式的氧化物及碳氢化合物，如羟基、羧基、羰基、醚、酯以及环状过氧化物等。

由于以上特点，活性炭具有物理吸附、化学吸附及离子交换吸附等作用。在水处理方面，可吸附水中胶体、悬浮物、溶解态的有机物、有毒气体及某些离子。

⑦ 过氧化钙。过氧化钙（CaO_2）是白色或淡黄色结晶性粉末，粗品多为含结晶水的晶体（$CaO_2 \cdot 8H_2O$），是过氧化钙与钙盐溶液相互作用的产物。无臭，几乎无味，易潮解，但微溶于水，遇酸后产生过氧化氢（双氧水）。过氧化钙化学性能不稳定，入水后能缓慢地释放出氧和氧化钙。初生氧具有很强的杀菌力，氧化钙具有生石灰的功能。所以，过氧化钙具有供氧、杀菌、缓解酸毒和平衡 pH 的作用。

（2）常见的生物环境改良剂有光合细菌、枯草芽孢杆菌等　光和细菌简称PSB，是一类在厌氧条件下进行光合作用的菌群，其细胞中含有细菌叶绿素及胡萝卜素，能借太阳能，吸收低级脂肪酸、氨基酸和糖类有机物或无机盐制造养分而建造自身。不需要氧和水作供氢体，而是以 H_2S 或有机物等作供氢体，并能吸收较长波长的光，也就是说可利用穿过水层透入较深处的700～900 nm（纳米）的红外光波。所以，光合细菌可以在光线微弱、有机质、H_2S 等丰富的池底繁衍，并利用这些有机物建造自身，具有较强的净化水质的作用。

3. 人工海水制剂

人工海水制剂——海水晶又被称为海水素、人工海水盐、海水盐等。广泛被用于海洋馆、科研院所、饭店、海鲜市场。

海水晶是一种白色或浅白色的颗粒，是海水及盐化工的产物，主要由氯化钠、硫酸镁、氯化镁、氯化钙等化合物组成的混合物。

海水晶分为高级海水晶和普通海水晶，高级海水晶是一种含有海水大部分化学成分，按一定比例溶于淡水，配制成天然海水代用品的混合物。高级人工海水晶可以还原真实的海水，溶解后各种元素含量与天然海水近似，含有海水中各种常量、微量、痕量元素，微量元素含量达到40种以上。普通海水晶所用原料大部分从海水中提取，经物理混合而成，常量元素和天然海水中常量元素含量类似。

海水晶在水产养殖方面主要用作渔业用盐。其对海洋生物如鱼、虾、蟹、贝类等具有养殖和保活作用，其中应用较为成功的有：一是在河口或低盐度地区，用于虾蟹育苗；二是在内陆进行海水化苗种繁育，如海洋馆、科研院所；三是鲜活海产品长途运输及暂养。

（十二）养殖池及净化水质

【标准原文】

7.3.2.8 养殖池及净化水质

成分及其含量等。

【内容解读】

在循环过滤养殖系统中，水质的监控工作是不可少的。应该制定水质指标和管理制度，建立和执行常规水质分析和定期维护制度。

1. 常规水质分析

一般每隔1～2 d对养殖池含氧量、COD、氨氮等项目进行常规测定。此外，还应定期（7 d或15 d）测定硫化氢（H_2S）和总氮（N）含量。

2. 制定水质指标

水质指标的制定，应根据系统的净化能力和设备潜力结合下述要求来考虑。通常要求流水池中平均溶氧量在5～8 mg/L，出水口的水中溶氧量不低于3 mg/L。出水口的总氮不大于1.5 mg/L，NO_2^-（亚硝酸根）不大于0.1 mg/L。

【实际操作】

水质监测记录表见表2-58。

表2-58 水质监测记录表

日期	池号	pH	温度	COD	溶解氧	硫化氢	总氮	监测人

（十三）食品添加剂用

【标准原文】

7.3.2.9　食品添加剂

通用名、生产企业、生产许可证号、批准文号、产品批次号/生产日期、投放量等。

【内容解读】

《食品安全法》第一百五十条将食品添加剂定义为因改善食品品质和色、香、味以及为防腐、保鲜和加工工艺的需要而加入食品中的人工合成或者天然物质，包括营养强化剂。

依照GB 2760—2014《食品安全国家标准　食品添加剂使用标准》的规定，我国许可使用的食品添加剂有23个类别，其中包括人工合成物质和天然物质，包括能存留于食品中的食品添加剂以及不存留于食品中的食品添加剂，即加工助剂。GB 2760—2014列出了每种食品添加剂的名称、中国编码系统（CNS）编号、国际编码系统（INS）编号、功能、适用的食品分类号、食品名称、最大使用量和备注。该23类是用于各种食品的，有些食品添加剂不会用在农产品中，如消泡剂、胶基糖果中基础剂物质等。

食品添加剂可用于加工农产品，如冷冻水产品；也可用于养殖业农产品，如4-己基间苯二酚可作为抗氧化剂用于鲜水产（仅限虾类）。

1. 食品添加剂使用原则

（1）应符合的基本要求

① 不应对人体产生任何健康危害：每种食品添加剂都规定了适用的食品名称、最大使用量，有的还规定了最大残留量。GB 2760—2014中规定的最大使用量是依据以下程序确定的：由联合国食品添加剂联合专家委员会（JECFA）制定国际通用的日允许摄入量（ADI），结合通用的饮食习惯计算最大使用量（ML），由其在食品中的降解计算最大残留量（MRL）。为贯彻该原则，须做到以下两点：

（a）禁止超范围使用。例如，二丁基羟基甲苯（BHT）可用于风干、烘干、压干等水产品，不准用于冷冻水产品等。

（b）禁止超量使用。例如，同一功能的食品添加剂（相同色泽着色剂、防腐剂、抗氧化剂）在混合使用时，各自用量占其最大使用量的比例之和不应超过1。

② 不应掩盖食品腐败变质。

③ 不应掩盖食品本身或加工过程中的质量缺陷或以掺杂、掺假、伪

造为目的而使用食品添加剂。

④ 不应降低食品本身的营养价值。

⑤ 在达到预期效果的前提下，尽可能降低在食品中的使用量。

（2）可使用食品添加剂的情况

① 保持或提高食品本身的营养价值。

② 作为某些特殊膳食用食品的必要配料或成分。

③ 提高食品的质量和稳定性，改进其感官特性。

④ 便于食品的生产、加工、包装、运输或储存。

（3）食品添加剂应符合相应的质量规格要求 使用合法供应的、质量合格的食品添加剂。

（4）由食品配料（含食品添加剂）带入食品中的，则应符合带入原则

① 配料所用食品添加剂的品种应是 GB 2760—2014 中允许使用的食品添加剂。

② 配料所用食品添加剂的最大使用量应符合 GB 2760—2014 要求。

③ 应在正常生产工艺条件下使用这些配料，并且食品中该添加剂的含量不应超过由配料带入的水平。

④ 由配料带入食品中的该添加剂的含量应明显低于直接将其添加到该食品中通常所需要的水平。

2. 食品添加剂使用规定

① 普通食品执行 GB 2760—2014。

② 绿色食品执行 NY/T 392—2013《绿色食品 食品添加剂使用准则》。在不得使用的食品添加剂品种中，一部分涉及农产品（包括种植业和养殖业农产品），另一部分涉及非农产品的加工食品（如食用盐、饮料、酱腌菜、调味料等）。

③ 有机产品执行 GB/T 19630—2019《有机产品 生产、加工、标识与管理体系要求》。允许使用的食品添加剂包括 15 种增稠剂（阿拉伯胶等）、8 种稳定剂（刺梧桐胶等）、13 种酸度调节剂（氢氧化钙等）、4 种防腐剂（焦亚硫酸钾等）、6 种膨松剂（磷酸氢钙等）、2 种漂白剂（二氧化硫等）、5 种抗氧化剂（维生素 C 等）、1 种抗结剂（二氧化硅）、2 种水分保持剂（甘油等）、4 种乳化剂（果胶等）、2 种面粉处理剂（碳酸钙等）、3 种凝固剂（硫酸钙等）、2 种护色剂（硝酸钾等）、1 种着色剂（胭脂树橙）、1 种结晶剂（酒石酸氢钾）、1 种甜味剂（罗汉果甜苷）以及硫黄（仅限于魔芋粉熏蒸）、氯化钾（加入食盐中降低钠含量，成为低钠盐）。

④ 食品添加剂在水产品中的允许使用品种、使用范围以及最大使用量或残留量应符合表 2-59 的要求。

表 2-59　食品添加剂的允许使用品种、使用范围以及最大使用量或残留量

食品添加剂	食品分类号	食品名称	最大使用量	功能	备注
磷酸、焦磷酸二氢二钠、焦磷酸钠、磷酸二氢钙、磷酸二氢钾、磷酸氢二铵、磷酸氢二钾、磷酸氢钙、磷酸三钙、磷酸三钾、磷酸三钠、六偏磷酸钠、三聚磷酸钠、磷酸二氢钠、磷酸氢二钠、焦磷酸四钾、焦磷酸一氢三钠、聚偏磷酸钾、酸式焦磷酸钙	09.02.01	冷冻水产品	5.0 g/kg	水分保持剂、膨松剂、酸度调节剂、稳定剂、凝固剂、抗结剂	可单独或混合使用，最大使用量以磷酸根（PO_4^{3-}）计
稳定态二氧化氯	09.0	水产及其制品（包括鱼类、甲壳类、贝类、软体类、棘皮类等水产及其加工制品）（仅限鱼类加工）	0.05 g/kg	防腐剂	
竹叶抗氧化物	09.0	水产及其制品（包括鱼类、甲壳类、贝类、软体类、棘皮类等水产及其加工制品）	0.5 g/kg	抗氧化剂	
富马酸一钠	09.0	水产及其制品（包括鱼类、甲壳类、贝类、软体类、棘皮类等水产及其加工制品）（09.01 鲜水产除外）	按生产需要适量使用	酸度调节剂	

（续）

食品添加剂	食品分类号	食品名称	最大使用量	功能	备注
4-己基间苯二酚	09.01	鲜水产（仅限虾类）	按生产需要适量使用	抗氧化剂	残留量≤1 mg/kg
双乙酰酒石酸单双甘油酯	09.0	水产及其制品（包括鱼类、甲壳类、贝类、软体类、棘皮类等水产及其加工制品）（不包括09.01鲜水产）	10.0	乳化剂、增稠剂	
植酸（又名肌醇六磷酸）、植酸钠	09.01	鲜水产（仅限虾类）	按生产需要适量使用	抗氧化剂	残留量≤20 mg/kg
茶黄素	09.0	水产及其制品（包括鱼类、甲壳类、贝类、软体类、棘皮类等水产及其加工制品等）	0.3	抗氧化剂	
焦亚硫酸钠	09.01	鲜水产（仅限于海水虾蟹类及其制品）	0.1	防腐剂和抗氧化剂	最大使用量以二氧化硫残留量计
	09.02	冷冻水产品及其制品（仅限于海水虾蟹类及其制品）	0.1	防腐剂和抗氧化剂	最大使用量以二氧化硫残留量计

【实际操作】

1. 食品添加剂使用信息记录内容

① 食品添加剂名称：通用名称，不应使用商品名称。通用名称是其登记时的名称，并附有中国编码系统（CNS）的编号，该编号由两部分组成，即食品添加剂的主要功能类别代码和该类别中的顺序号；

② 食品添加剂来源：应注明生产商、供应商名称及联系方式、生产许可证号（标明我国法律和行政管理部门允许生产）、产品批号（标明批次，便于追溯）、进货日期、有效期限；

③ 产品标准（使用批次中应存留 2 个最小包装，便于事故追溯时用其中一个包装化验结果与产品标准对比，验证是否合格；另一个包装用于仲裁）；

④ 有效成分含量；

⑤ 被投入的食品；

⑥ 使用量；

⑦ 使用方式；

⑧ 使用环节；

⑨ 使用时间；

⑩ 使用责任人；

⑪ 需记录的其他信息：如规格、数量、领用量等内容。

食品添加剂采购登记单见表 2-60、食品添加剂出入库登记单见表 2-61、食品添加剂使用登记单见表 2-62。

第七节　信息管理

一、信息存储

【标准原文】

8.1　信息存储

纸质记录及其他形式的记录应及时归档，并采取相应的安全措施保存。所有信息档案在生产周期结束后应至少保存 2 年。

8.2　信息的审核和录入

信息审核无误后方可录入。信息录入应专机专用、专人专用，并遵守信息安全规定。

表 2-60 食品添加剂采购登记单

序号	名称	规格	数量	生产许可证号	执行标准	产品批号	生产日期	有效成分	使用范围	保质期	生产商	联系方式	供应商	联系方式	进货日期	采购人
1																
2																
3																
4																

表 2-61 食品添加剂出入库登记单

序号	名称	规格	产品批号	生产日期	生产商	入库数量	入库时间	库管员	出库数量	出库时间	领用人
1											
2											
3											
4											

表 2-62 食品添加剂使用记录单

序号	使用日期	食品添加剂				加工食品品种			使用人	备注
		名称	生产日期	产品批号	使用量	名称	生产量	产品批号		
1										
2										
3										
4										

【内容解读】

信息管理制度中的信息是指在农产品质量安全追溯系统建设和运行过程中形成的、与农产品质量安全追溯相关的信息。农业生产经营主体在农产品质量安全追溯过程中应建立统一规范、分级负责、授权共享、运行安全的信息管理制度。

农产品质量安全追溯系统记录信息主要分养殖信息和加工信息两部分。信息的记录方式主要分为纸质记录和电子记录。所有信息档案在生产周期结束后均应由专门部门、专人负责保管，至少保存 2 年。

信息管理制度应包含以下部分：

1. 总述

① 农业生产经营主体为加强自身产品质量安全追溯信息系统管理及设备使用、维护，保障质量安全追溯工作顺利实施，制定农业生产经营主体的信息管理制度。

② 农业生产经营主体信息管理制度旨在根据农业生产经营主体的产品质量安全追溯信息系统运行特点，结合生产管理现状、机构设置情况和设备分配情况，明确岗位责任，细化岗位分工，规范操作行为，确保系统设备正常维护、运行，保障追溯信息系统顺畅运行。

③ 农业生产经营主体信息管理制度的建立，应遵循注重实际、突出实效、强化责任、协调配合的原则。

④ 农业生产经营主体信息管理制度适用于承担该产品质量安全追溯信息系统运行任务的部门和人员。

2. 岗位职责

农业生产经营主体质量安全追溯信息系统操作流程中，各环节由专门机构负责生产和信息管理，信息采集后及时通过网络传送到追溯信息系统平台。以养殖业为例：

（1）*养殖*　由农民养殖专业合作社或养殖公司技术部门负责进行生产指导、信息采集，通过统一生产管理模式，采取统一供应苗种、统一购置饲料、渔药等投入品，统一标准作业等措施，完成产品的生产过程。信息采集由农民养殖专业合作社或养殖公司信息采集员具体负责，纸质档案记录到养殖户或养殖户组。

（2）*水产品收购与检测*　由加工企业合理制订水产品收购计划，并根据计划指派专人按追溯精度实行单收，由实验室负责对水产品质量进行检测，检验合格的水产品按追溯精度分区进行暂养或储藏，仓储位置要与非追溯水产品加以隔离，并设置显著的识别标志。

（3）产品加工　加工企业按照追溯精度组织分批加工、包装，追溯产品的加工与非追溯产品的加工要具有一定的时间间隔，追溯产品的包装样式要有别于非追溯产品。

（4）成品入（出）库　加工企业按照生产班次接收成品进行质量检验，并按生产批次、产品类别等分开存放，设立标识便于区分。

（5）成品检测　成品检测由实验室负责，检测项目及方法按照国家相应标准执行，产品检验后填写产品出厂检验报告。

（6）销售　加工企业通过各地分销商、批发商和零售商实现有计划的产品销售。

3. 设备使用及维护职责

本制度所涉及的质量安全追溯设备包括网络设备、UPS，以及各部门及采集点所分配的计算机、打印机、U盘和加工农业生产经营主体分配的标签打印机等。应进行正确、安全的使用及日常的维护工作。

4. 日常运行

（1）原始档案记录　原始档案记录是追溯信息的源头，信息采集人员是此项工作的责任人，主管领导对档案记录的真实性负有领导责任。信息记录人员要严格按照农业生产经营主体下发的信息记录表所列项目填写，保证信息完整、准确。

农业生产经营主体应设立专门机构或人员负责对追溯项目实施过程中设备分配情况、项目运行情况、日常监管情况、信息上报情况等进行记录。

（2）信息中心　农业生产经营主体信息中心负责质量安全追溯信息管理、审核、上报，拥有对追溯信息的最高管理权限。

信息中心对各采集点的数据及纸质记录进行抽查核对，发现问题退回信息采集点核实修改后进行上报。上报数据经信息中心核查无误后，上传至质量安全追溯系统平台，同时对上报数据进行备份。传输追溯信息的时间不得晚于追溯产品的上市时间。

（3）信息系统应急　当出现因错误操作或其他原因造成运行错误、系统故障时，应立即停止工作，上报故障情况。当天无法排除故障时，应保存好纸质信息记录，待系统恢复后及时将信息录入质量安全追溯信息系统平台。

喷码机、标签打印机等专用设备出现故障无法正常使用时，相关负责人要及时上报，生产经营主体质量安全追溯相关部门根据故障发生情况作出响应，下发备用设备并及时联系技术人员对故障机器进行维修，最大程度减少故障造成的影响。

5. 运行监管

信息中心、生产技术部门、农业生产经营主体作为协管部门应积极配合追溯监管工作，各单位的主任、经理是监管责任人。其监管职责是：

① 信息中心主任负责追溯信息的日常管理，包括数据的采集、上报、审核、整理、上传等。

② 生产技术部门主任负责养殖档案填写、系统信息采集、上报的监管。

③ 农业生产经营主体经理负责产品加工计划、加工档案填写、信息的采集、上报的监管。同时，要对标识载体的使用进行监督。

6. 系统维护

（1）设备的购置、领用及盘查　设备由农业生产经营主体信息中心统一组织采购，并按需求发放到各采集点。购置的设备应建立设备台账，在发放中确定设备使用主体及设备负责人，经签字确认后领取。设备负责人作为关键设备的直接责任人，负责对设备进行日常使用及维护，保障设备及数据安全。信息中心定期对设备的使用情况进行盘查，发现挪用、损坏现象追究相关人员责任。

（2）计算机操作维护　每台计算机在使用时要保持清洁、安全、良好的工作环境。每台计算机要指定专人负责，做到专机专用，禁止非操作人员使用及挪作他用。每台计算机要设置管理员登录密码，防止非法用户擅自进入系统，篡改信息。不得私自拆解设备或更换、移除电脑配件；及时按正确方法对计算机进行清洁和保养，保证计算机正常使用及运行。操作人员有事离开时，要先退出应用软件或将桌面锁定。每台计算机均要安装有效的病毒防范和清除软件，并做到及时升级。信息录入时要注意经常备份系统数据。备份除在计算机中保存外，要利用 U 盘、移动硬盘等媒介重复备份。

（3）专用设备操作维护　本制度所称的专用设备包括条码打印机、喷码机等。追溯专用设备使用前，操作者均应详细阅读使用说明书，并严格遵从所有规范的操作方法。关键设备需要先对操作人员进行技术培训后方可使用，未进行培训的人员不得擅自使用追溯设备。所有设备的说明书要进行统一保管，不得遗失，所有设备要登记造册，不得更换、遗失设备。

7. 人员培训

为保证质量安全追溯工作的顺利实施，应对相关人员进行培训。

（1）制度培训　对项目涉及的所有人员进行上岗前追溯制度及工作流程技术培训；质量安全追溯制度修改后，要增加更新内容解读的培训。

（2）技术培训　每年农业生产开始前由农业生产经营主体相关部门对质量安全追溯涉及的生产人员、技术管理人员进行技术培训，掌握高标准的技能知识。

（3）定岗培训 当责任部门、追溯岗位技术人员因职务变动、岗位调换等原因发生变化时，要分别对新增人员进行管理制度和系统操作技能的培训，保证其能够尽快熟知工作制度，掌握系统操作技能。

【实际操作】

农业生产经营主体（组织或机构）农产品质量安全追溯系统记录信息（以养殖业为例）主要记录方式主要分为纸质记录和电子记录。

1. 纸质信息的存储、审核、录入要求

① 各信息采集点采集人员根据追溯产品的生产环节做好纸质档案记录，尤其是在投入品的种类及使用信息、生产工艺中的原料收购、储藏、加工条件等记录。

② 要求各采集点的原始档案记录要及时、真实、完整、规范，记录后认真核查，确认无误后由信息记录员录入质量安全追溯系统平台。

③ 加工环节要做到动态汇总整理，做好入库、出库及加工的详细记录，并及时汇总上传。

④ 所有纸质原始记录在养殖阶段或加工阶段结束后，由信息采集员进行整理，统一上交进行归档保管。

⑤ 原始记录应及时归档，装订成册，每册有目录，查找方便；原始档案有固定场所保存，要有防止档案损坏、遗失的措施。

2. 电子信息储存、审核、录入要求

各采集点的追溯信息应在每次录入完毕后进行备份。电子记录备份到计算机的非系统盘和可移动硬盘上。生产周期内，要保证应每 2 周将采集的数据备份一次。农业生产经营主体信息中心要保证在新数据上传时及时备份，并交专人保管，做好记录。用于储存电子信息的计算机和可移动硬盘应专用，不可他用。做好电子病毒防护工作并定期进行杀毒管理。可移动硬盘存储设备应归档保管，由专人负责，防止损坏。所有信息档案在生产周期结束后应至少保存 2 年。

二、信息传输

【标准原文】

8.3 信息传输

上一环节操作结束时应及时将信息传输给下一环节。

【内容解读】

农业生产经营主体农产品追溯环节主要分为养殖环节和加工环节。完善的通信网络可以确保各信息采集点信息传递渠道的畅通。各个环节操作时，应及时采集各个环节的相关信息，并做好纸质记录和电子记录。各个环节的信息记录应编写唯一性环节信息代码，以便传递给下一环节。

【实际操作】

信息传输包括承接、传递、编辑和上报。农业生产经营主体与水产品加工企业实行一对一单线承传关系。采集的信息数据以代码形式传递给下一环节，应准确无误，每个传递环节之间应进行核实。信息采集后，要在第一时间通过网络或者可移动设备等将数据信息及时上报到信息中心。信息中心对上报的各个环节信息进行核实、编辑汇总，无误后将信息传输到质量安全追溯系统平台。信息传输关系示意图见图 2-16。

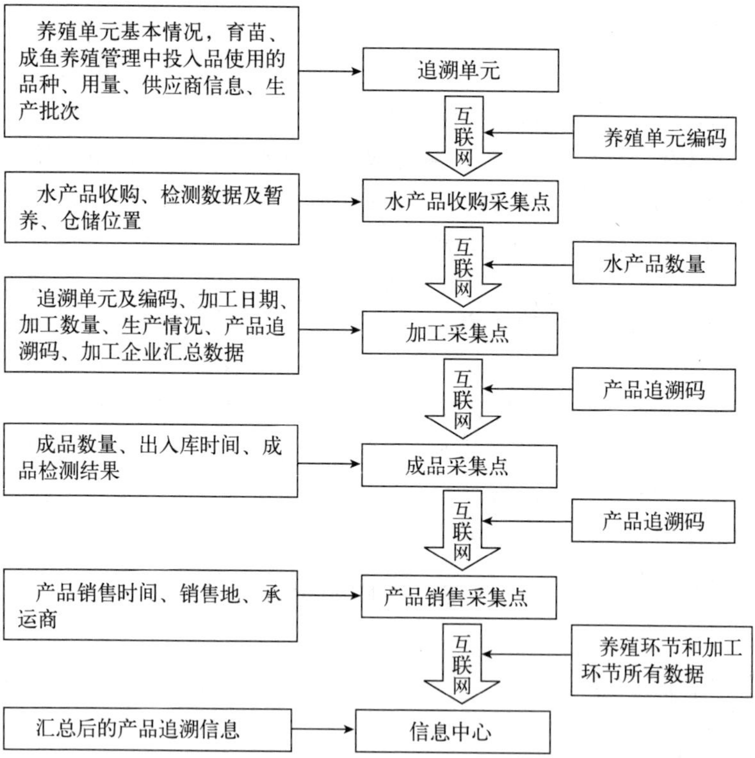

图 2-16　信息传输关系示意图

三、信息查询

【标准原文】

8.4 信息查询

建立追溯体系的水产品生产企业（组织或机构）应建立或纳入相应的追溯信息公共查询技术平台，应至少包括生产者、产品、产地、批次、产品标准等内容。

【内容解读】

生产经营主体采集的信息应覆盖养殖、加工等全过程，满足追溯精度和深度的要求。使消费者能够查询到追溯产品的质量安全信息，其查询内容应突出个性化（查询信息应能图文并茂）。查询内容至少包括水产品生产者、产品、产地、批次、产品标准等具体内容。

【实际操作】

具备信息化的生产经营主体应定制信息查询系统和产品追溯流程，确定每个环节信息采集内容和格式要求，汇总各信息采集点上报的数据，形成完整追溯链，并通过网络向数据中心上传数据。调试标签打印机、喷码机等专用设备，规范采集点编号，建立操作人员权限，形成符合生产经营主体实际的追溯系统，实现上市农产品可查询、可监管。不具备信息化的生产经营主体应确保能通过纸质记录查询相关信息。

产品追溯标签是消费者查询的主要方式，生产经营主体应将追溯标签使用粘贴的方式或其他合理方式置于产品最明显的位置，方便消费者在购买时进行查询使用。

消费者通过查询农产品质量安全追溯码应可以查询到养殖者、产品、产地、加工企业、批次、质量检验结果、产品标准等主要信息。生产经营主体应做到生产有记录、流向可追踪、信息可查询、质量可追溯、责任可界定。信息查询图见图 2－17。

第八节 追溯标识

【标准原文】

9 追溯标识

按 NY/T 1761 的规定执行。

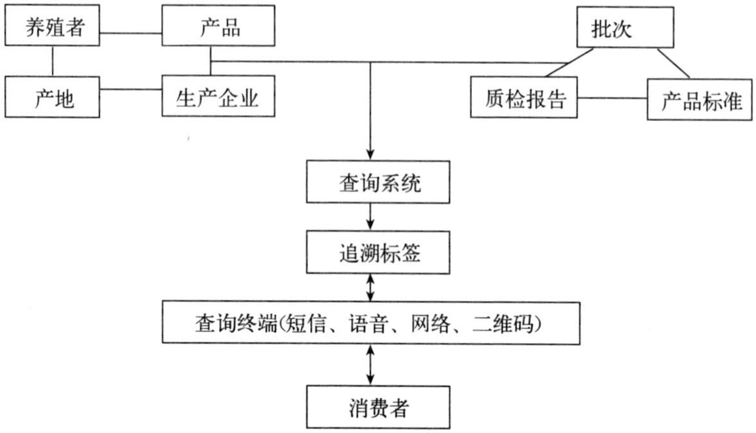

图 2-17 信息查询图

【内容解读】

NY/T 1761《农产品质量安全追溯操作规程 通则》的规定内容如下：

① 可追溯农产品应有追溯标识，内容应包括追溯码、信息查询方式、追溯标志。

② 追溯标识载体根据包装特点采用不干胶纸制标签、锁扣标签、捆扎带标签、喷印等形式。标签位置显见、固着牢靠，标签规格大小由农业生产经营主体自行决定。

【实际操作】

1. 追溯标识的设计及内容

追溯标识要求图案美观，文字简练、清晰，内容全面、准确。追溯标识包括以下 4 个方面的内容：

（1）追溯标志 图形已作规定，大小可依追溯标签大小而变。

（2）说明文字 表明农产品质量安全追溯等内容。

（3）信息查询渠道 语音渠道、短信渠道、条形码渠道、二维码渠道等。

（4）追溯码 由条形码和代码两部分组成。追溯标识见图 2-18。

目前，二维码广泛用于各种商标和商品识别中，主要有 QR 码、Maxi 码、PDF417 码、Aztec 码等。农产品质量安全追溯标识中现使用 QR 码。QR 码具有超高可靠性、防伪性和可表示多种文字图像信息等特点，在我国被广泛应用。

图 2-18 追溯标识

2. 追溯标签的粘贴及形式

追溯标签的粘贴要求如下：

① 粘贴位置应美观、整齐、统一，位于直面消费者包装的显著位置。

② 粘贴牢固，难以脱落、磨损。依据产品及其包装材质，农业生产经营主体自主决定用不干胶纸制标签、锁扣标签、捆扎带标签、喷印等形式。采用喷码打印或激光打码时，应图案清晰、位置合理，且产品包装应体现查询方式。

③ 标签使用的规格大小由农业生产经营主体自行决定，其应与追溯产品包装规格匹配，大小适合自身产品即可。

3. 追溯标识载体的使用

① 追溯标识载体出入库时，要认真清点，做到数量、规格准确无误。

② 追溯标识载体仅使用于追溯产品，其他产品严禁使用。追溯产品使用追溯标识载体时，必须按照要求在指定位置粘贴追溯标签或者喷制产品追溯码。

第九节 体系运行自查

【标准原文】

10 体系运行自查

按 NY/T 1761 的规定执行。

【内容解读】

根据 NY/T 1761 规定，农业生产经营主体应建立追溯体系的自查制度，定期对农产品质量追溯体系的实施计划及运行情况进行自查。检查结果应形成记录，必要时提出追溯体系的改进意见。

1. 概述

自查制度是为检查农业生产经营主体各项农产品质量安全追溯活动是否符合体系要求，验证其所建立的农产品质量安全追溯体系运行的适宜性、有效性，评价是否达到农产品质量安全追溯体系建设预期目标而进行的、有计划的、独立的检查活动。通过自查，能发现问题、分析原因、采取措施解决问题，以实现农产品质量安全追溯体系的持续改进。

2. 目的

① 确定受审核部门的农产品质量安全追溯体系建设符合规定要求。

② 确定所实施的农产品质量安全追溯体系有效性满足规定目标。

③ 通过自查了解农业生产经营主体农产品质量安全追溯体系的活动情况与结果。

3. 依据

农产品质量安全追溯体系文件对体系的建立、实施提供具体运作的指导，是自查依据的主要准则。

4. 原则

农产品质量安全追溯体系的实施计划及运行情况自查应遵从实事求是、客观公正、科学严谨的原则。

（1）客观性　客观证据应是事实描述，并可验证，不含有任何个人的推理或猜想。事实描述包括被询问的负有责任的人员的表述、相关的文件和记录等存在的客观事实。

对收集到的客观证据进行评价，并最终形成文件。文件内容包括自查报告、巡检员检查表、不符合项报告表、首末次会议签到等。通过文件形式以确保自查的客观性。

（2）系统性　自查分为材料审查和现场查看 2 种形式。

材料审查重点是检查农产品质量安全追溯体系文件的符合性、适宜性、可操作性。根据自查小组成员的分工，对照农产品质量安全追溯体系运行自查情况表中所规定的各项检查内容逐项进行，同时做好存在问题的记录。

现场查看重点是检查农产品质量安全追溯体系文件执行过程的符合性、达标性、有效性、执行效率。例如，察看农产品质量安全追溯产品生产的各个环节、质量安全控制点和相关原始记录情况；察看硬件网络和质量安全追溯设备配置建设情况、系统运行应用情况；检查系统管理员及信息采集员的操作应用情况、信息采集情况以及软件操作熟练程度；从农产品质量安全追溯系统中随机抽取若干个批次的追溯码进行可追溯性验证，查询各环节信息的采集和记录情况，将纸质档案与系统内信息进行对照检查，检查是否符合要求。

符合性是指农产品质量安全追溯活动及有关结果是否符合体系文件要求。

有效性是指农产品质量安全追溯体系文件是否被有效实施。

达标性是指农产品质量安全追溯体系文件实施的结果是否达到预期的目标。

5. 人员配置及职责

根据农产品质量安全追溯体系自查工作需要，自查小组成员一般由农业生产经营主体中生产技术部、品质管理部、企业管理部、信息技术部等人员组成。根据自查小组成员自身专业特长和工作特点赋予其不同的职责。在农业生产经营主体规模较大、部门设置比较完善的情况下，可以由以下部门人员组成自查小组。在农业生产经营主体规模较小、部门设置不全的情况下，可以一人兼顾多人的工作职责组成自查小组。

（1）生产技术部人员　主要由从事农业生产、在某一特定的区域对某种产品的生产、加工、储运等方面具有一定知识的生产技术人员组成。主要承担农产品质量安全追溯体系的生产档案建立、信息采集点设置等方面的工作。

（2）品质管理部人员　主要由了解农产品质量安全标准、从事农产品检测等方面的人员组成。主要承担农产品质量安全追溯产品质量监控、产品检测等方面的工作。

（3）企业管理部人员　主要由从事项目管理、了解农产品质量安全追溯体系建设基本要求和工作特点的人员组成。主要承担农产品质量安全追溯体系的制度建立、规划制定、人员培训等方面的工作。

（4）信息技术部人员　主要由了解农产品质量安全追溯体系构成及应用、能够熟练处理追溯系统软硬件问题的人员组成。主要承担农产品质量安全追溯体系应用等方面的工作。

6. 频次

（1）常规自查　按年度计划进行。由于农产品生产的特殊性，应每一生产周期至少自查一次。

（2）增加自查频次　当出现下列情况时，农业生产经营主体应增加自查频次：

① 出现质量安全事故或客户对某一环节连续投诉。

② 内部监督连续发现质量安全问题。

③ 农业生产经营主体组织结构、人员、技术、设施发生较大变化。

【实际操作】

农产品质量安全追溯体系内部自查审核一般分为5个阶段：自查的策划与准备、自查的实施、编写自查报告、跟踪审核验证、自查总结。农产品质量安全追溯体系自查流程图见图2-19。

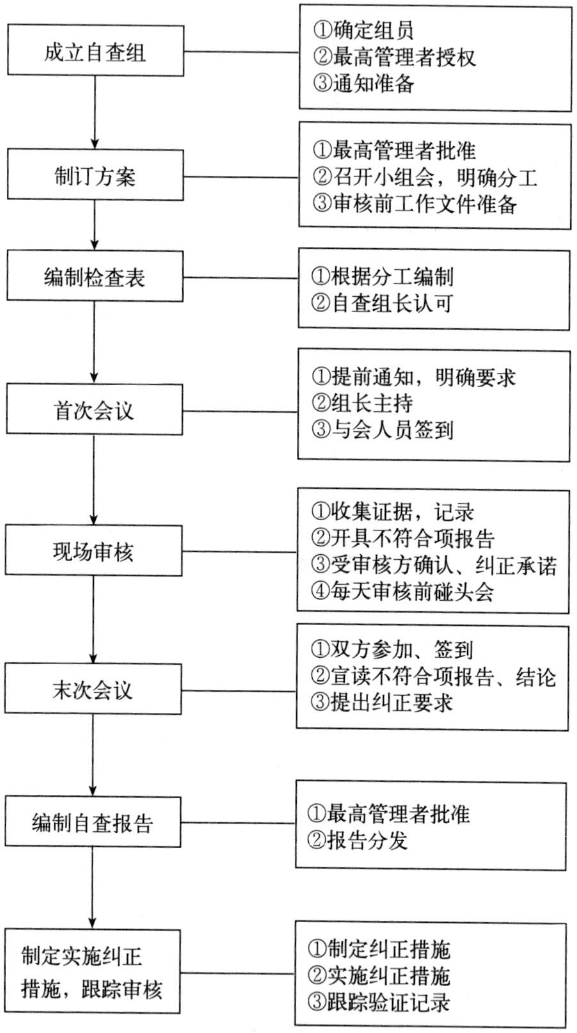

图2-19　自查流程图

1. 自查的策划与准备

生产经营主体组织有关人员策划并编制年度自查计划。年度自查计划可以按受审核部门进行开展。自查计划见表2-63。

表 2-63 年度农产品质量安全追溯体系自查计划

条款/受审核部门 \ 审核月份		一月	二月	三月	四月	五月	六月	七月	八月	九月	十月	十一月	十二月
1	养殖基地												
2	生产车间												
3	品质管理部												
4	销售部												
5	信息技术部												
6	企业管理部												
7	生产技术部												

由生产经营主体最高管理人授权成立自查小组，由自查组长编写自查实施计划。自查实施计划见表 2-64。内容包括自查的目的、性质、依据、范围、审核组人员、日程安排，准备自查工作文件。工作文件主要是自查不符合项报告表见表 2-65、自查报告见表 2-66。农产品质量安全追溯体系运行自查情况表见表 2-67。

表 2-64 年度农产品质量安全追溯体系自查实施计划

<table>
<tr><td colspan="5">自查日期：</td></tr>
<tr><td colspan="5">自查目的：</td></tr>
<tr><td colspan="5">自查性质：</td></tr>
<tr><td colspan="5">自查依据：</td></tr>
<tr><td colspan="5">自查范围：</td></tr>
<tr><td colspan="5">自查组
组长：
副组长：
组员：</td></tr>
<tr><td colspan="5">日程安排</td></tr>
<tr><td>日期</td><td>时间</td><td>受审核部门</td><td>条款/内容</td><td>自查员</td></tr>
<tr><td></td><td></td><td></td><td></td><td></td></tr>
<tr><td></td><td></td><td></td><td></td><td></td></tr>
<tr><td></td><td></td><td></td><td></td><td></td></tr>
</table>

表 2-65　年度农产品质量安全追溯体系自查不符合项报告表

<table>
<tr><td>受审核部门</td><td></td><td>部门负责人</td><td></td></tr>
<tr><td>自查员</td><td></td><td>审核日期</td><td></td></tr>
<tr><td colspan="4">不符合事实描述：
不符合：工作规范□　应急预案□　质量控制□　信息运行□　其他文件□
不符合文件名称（编号）及条款：
不符合类型：　体系性□　实施性□　效果性□
要求纠正时限：一周 □　二周 □　三周 □　约定时间 □
自查员：　　　　　　　　　　　　部门负责人：
日期：　年　月　日　　　　　　　日期：　年　月　日</td></tr>
<tr><td colspan="4">不符合原因分析及拟定纠正措施：
当　事　人：　日期：　年 月 日
自　查　员：　日期：　年 月 日
部门负责人：　日期：　年 月 日</td></tr>
<tr><td colspan="4">纠正措施完成情况：
部门负责人：
年　月　日</td></tr>
<tr><td colspan="4">纠正措施的验证：
自　查　员：　年　月　日
部门负责人：　年　月　日</td></tr>
</table>

自查组长：　　　　　　　　　　　　年　月　日

表 2-66　年度农产品质量安全追溯体系自查报告

<table>
<tr><td>自查性质</td><td></td><td>自查日期</td><td></td></tr>
<tr><td colspan="4">自查组员：</td></tr>
<tr><td colspan="4">自查目的：</td></tr>
<tr><td colspan="4">自查范围：</td></tr>
<tr><td colspan="4">自查依据：</td></tr>
<tr><td colspan="4">自查过程综述：
自查组长：　　　　　　　　　　批准：
日期：　　　　　　　　　　　　日期：</td></tr>
</table>

表 2-67 农产品质量安全追溯体系运行自查情况表

条款	检查内容	检查要点	不符合事实描述	整改落实情况
1	建立工作机构，相关工作人员职责明确	机构和人员部分要求		
2	制订完善、可操作的追溯工作实施方案，并按照实施方案开展工作	见机构和人员部分要求		
3	制定完善的产品质量安全追溯工作制度和追溯信息系统运行制度	见管理制度部分要求		
4	产品质量安全事件应急预案等相关制度按要求修改完善并落实到位	见管理制度部分要求		
5	各信息采集点信息采集设备配置合理	见实施要求部分要求		
6	配置适合生产实际的标签打印、条码识别等专用设备	见实施要求部分要求		
7	追溯精度与追溯深度设置是否符合生产实际	见实施要求部分要求 见术语和定义部分要求		
8	采集的信息覆盖生产、加工等全过程的关键环节，满足追溯精度和深度的要求；具有保障电子信息安全的软硬件措施；系统运行正常，具备全程可追溯性	见实施原则部分要求 见信息采集部分要求		
9	规范使用和管理追溯标签、标识；信息采集点设置合理，生产档案记录表格设计合理；生产档案记录真实、全面、规范，记录信息可追溯；具有相应的条件保障企业内部生产档案安全	见信息采集部分要求 见追溯标识部分要求		

（续）

条款	检查内容	检查要点	不符合事实描述	整改落实情况
10	具有质量控制方案，并得以实施	见管理制度部分要求		
11	具有必要的产品检验设备，计量器具检定有效，产品有出厂检验和型式检验报告	见产品检验部分要求		

2. 自查的实施

自查的实施按照首次会议、现场审核、碰头会、开具不符合项报告及召开末次会议的程序依次进行。自查首末次会议签到表见表2-68。

表2-68　自查首末次会议签到表

会议名称	首次会议□	末次会议□	
会议日期		会议地点	
参加会议人员名单			
签名		职务	

自查实施以首次会议开始，根据农产品质量安全追溯体系文件、自查表和计划的安排，自查员进入现场检查、核实。在现场审核时，自查员通过与受审核部门负责人及有关人员交谈、查阅文件和记录、现场检查与核对、调查验证、数据的汇总分析等方法，详细记录并填写农产品质量安全追溯体系运行自查情况表，经过整理分析和判断等综合分析并经受审核方确认后开具不合格项报告，得出审核结论，并以末次会议结束现场审核。末次会上，由自查小组组长宣读自查不符合项报告，作出审核评价和结论，提出建议的纠正措施要求。

（1）首次会议　首次会议需要自查小组全体成员和受审核部门主要领导共同参加的会议。会议应向受审核部门明确自查的目的意义、作用、方法、内容、原则和注意事项。宣布自查日程时间表、自查小组成员的分工、自查过程、内容和现场察看地点等。

（2）现场审核　现场审核在整个自查过程中占据着重要的地位。自查工作的大部分时间是用于现场审核，最后的自查报告也是依据现场审核的结果形成的。

现场审核记录的要求：

① 应清楚、全面、易懂；

② 应准确、具体，如文件名称、记录编号等。

（3）不符合项报告 不符合项报告中的不符合项可能是文件的不符合项、人员的不符合项、环境的不符合项、设备的不符合项、溯源的不符合项等。主要可以分为3类：

① 体系性不符合，即农产品质量安全追溯体系文件的制定与要求不符或体系文件的缺失。例如，未制订产品质量控制方案。

② 实施性不符合，即制定的农产品质量安全追溯体系文件符合要求且符合生产实际，但员工未按体系文件的要求执行。例如，规定原始记录应在工作中予以记录，但实际上都是进行补记或追记。

③ 效果性不符合，即制定的农产品质量安全追溯体系文件符合要求且符合生产实际，员工也按体系文件的要求执行，但实施不够认真。例如，原始记录出现漏记、错记等。

不符合项报告的注意事项：不符合事实陈述应力求具体；所有不符合项均应得到受审核部门的确认；开具不符合项报告时，应考虑其应采取的纠正措施以及如何跟踪验证，是否找到出现不符合项的根本原因。

（4）末次会议 末次会议需要自查小组全体成员和受审核部门主要领导共同参加的会议。会议宣读不符合项报告，并提交书面不符合项报告；提出后续工作要求（制定纠正措施、跟踪审核等）。

3. 编写自查报告

自查报告是自查小组结束现场审核后必须编制的一份文件。自查小组组长召集小组全体成员交流自查情况，并汇总意见，讨论自查过程中发现的问题，对农业生产经营主体的农产品质量安全追溯体系建设工作进行综合评价，研究确定自查结论，对存在的问题提出改进或整改要求。自查小组需要交流汇总的主要内容包括自查主要内容、自查基本过程、可追溯性验证情况、自查的结论、对存在问题的限期改进或整改意见等。自查报告通常包括以下内容：审核性质、审核日期、自查组成员、自查目的、审核范围、审核依据、审核过程概述。

4. 跟踪审核验证

跟踪审核验证是自查工作的延伸，同时也是对受审核部门采取的纠正措施进行审核验证，对纠正结果进行判断和记录的一系列活动的总称。跟踪审核的目的：

① 促使受审部门实施有效的纠正/预防措施，防止不符合项的再次

发生；

② 验证纠正/预防措施的有效性；

③ 确保消除审核中发现的不符合项。

自查组长应指定一名或几名自查员对不符合项的纠正，以及对纠正措施有效性进行跟踪验证并确认完成及合格后，做好跟踪验证记录，将验证记录等材料整理归档（纠正措施完成情况及纠正措施的验证情况可在不符合项报告表中一并体现）。

5. 自查的总结

年度自查全部完成后，应对本年度的自查工作进行全面的评价，包括年计划是否合适、组织是否合理、自查人员是否适应自查工作等内容。

第十节　质量安全问题处置

【标准原文】

11　质量安全问题处置

按 NY/T 1761 的规定执行。召回产品应按相关规定处理，召回及处置应有记录。

【内容解读】

NY/T 1761 规定，可追溯农产品出现质量安全问题时，农业生产经营主体应依据追溯系统界定产品涉及范围，查验相关记录，确定农产品质量问题发生的地点、时间、追溯单元和责任主体，并按相关规定采取相应措施。

1. 可追溯农产品

可追溯性即从供应链的终端（产品使用者）到源头（产品生产者或原料供应商）识别产品或产品成分来源的能力，即通过记录或标识追溯农产品的历史、位置等的能力。具有可追溯性的农产品即为可追溯农产品。

2. 质量安全问题

《中华人民共和国农产品质量安全法》规定，农产品质量安全指农产品质量符合保障人的健康、安全的要求。农产品质量安全问题包括以下几方面：

① 含有国家禁止使用的农药、兽药或者其他化学物质的；

② 农药、兽药等化学物质残留或者含有的重金属等有毒有害物质不符合农产品质量安全标准的；

③ 含有的致病性寄生虫、微生物或者生物毒素不符合农产品质量安全标准的；

④ 使用的保鲜剂、防腐剂、添加剂等材料不符合国家有关强制性的技术规范的；

⑤ 其他不符合农产品质量安全标准的。

3. 农产品质量安全问题来源分析

建立了追溯系统的农业生产经营主体，在农产品发生质量安全问题时，可以根据农产品具有的追溯码，查询到该问题产品的生产全过程的信息记录，从而确定问题产品涉及范围，判断质量安全问题可能发生的环节，确定农产品质量安全问题发生的地点、时间、追溯单元和责任主体。

农产品出现质量安全问题，主要发生在以下 5 个环节：

① 含有国家禁止使用的渔药或者其他化学物质，主要发生在养殖环节，生产者违规使用了国家禁止使用的渔药或其他化学物质。

② 渔药等化学物质残留或者含有的重金属等有毒有害物质不符合农产品质量安全标准，主要发生在养殖环节。一方面，生产者使用的渔药没有达到休药期即捕捞，导致药物残留不符合标准要求；另一方面，生产者没有按照国家标准规定正确使用药物，如未按照产品使用说明书超量使用渔药，导致药物残留不符合标准要求。水产品重金属含量超标主要是由于产地环境不符合标准要求，如底泥或渔业用水中重金属含量超标，通过水体中生物食物链的富集作用，导致重金属在水产品体内累积，最终导致水产品中重金属含量不符合标准要求。

③ 含有的微生物或者生物毒素不符合农产品质量安全标准，主要发生在水产品加工、仓储、运输环节，由于环境、卫生条件不符合要求，导致水产品发生污染，从而产生微生物或者生物毒素等有害物质，导致水产品质量不符合标准要求。

④ 使用的食品添加剂等材料不符合国家有关强制性的技术规范，主要发生在水产品加工、储运环节。由于违规使用国家禁止使用的添加剂或超量使用等原因，造成水产品质量不符合国家标准要求。

⑤ 其他不符合农产品质量安全标准要求的一些理化指标，如水产品中出现宰杀刀具碎片，主要发生在加工环节，磁选不彻底导致的。

【实际操作】

农业生产经营主体应确保具有质量安全问题的水产品得到识别和处置，以防止其非预期的使用或消费。应编制相关文件控制程序，以规定质量安全问题产品识别和处置的有关责任、权限和方法，并保持所有程序的实施记录。

1. 可追溯水产品出现质量安全问题时的应对计划

当具有质量安全问题的水产品进入流通市场后，农业生产经营主体应实施预警反应计划和产品召回计划。当发生食品安全事故或紧急情况时，应启动应急预案。

（1）预警反应计划　农业生产经营主体应采用适宜的方法和频次监视已上市水产品的使用安全状况，包括消费者抱怨、投诉等反馈信息。根据监视的结果评价已上市水产品中安全危害的状况，并针对危害评价结果确定已上市水产品在一定范围内存在安全危害的情况，农业生产经营主体应按以下要求制订并实施相应的预警反应计划，以防止安全危害的发生：

① 识别确定安全危害存在的严重程度和影响范围；

② 评价防止危害发生的防范措施的需求（包括及时通报所有受影响的相关方的途径和方式，以及受影响产品的临时处置方法）；

③ 确定和实施防范措施；

④ 启动和实施产品召回计划；

⑤ 根据产品和危害的可追溯性信息实施纠正措施。

（2）产品召回计划　农业生产经营主体应制订产品召回计划，确保受安全危害影响的上市水产品得以全部召回。该计划应至少包括以下5个方面的要求：

① 确定启动和实施产品召回计划人员的职责和权限；

② 确定产品召回行动需符合的相关法律、法规和其他相关要求；

③ 制定并实施受安全危害影响的产品的召回措施；

④ 制定对召回产品进行分析和处置的措施；

⑤ 定期演练并验证其有效性。

（3）应急预案　农业生产经营主体应识别、确定潜在的水产品质量安全事故或紧急情况，预先制订应对的方案和措施，必要时做出响应，以减少水产品可能发生安全危害的影响。应急预案的编制应包括以下主要内容：

① 概述。简要说明应急预案的主要内容。

② 总则。

（a）适用范围。说明应急预案适用的产品类别和事件类型、级别。

（b）编制依据。简述编制所依据的法律法规、部门规章，以及有关行业管理规定、技术规范和标准。

（c）工作原则。说明本生产经营主体应急工作的原则，内容简明扼要、明确具体。

③ 事件分级。根据可能导致的产品质量安全事件的性质、伤害的严重程度、伤害发生的可能性和涉及范围等因素对产品质量安全事件进行分级。

④ 风险描述。简述本生产经营主体的产品因质量问题可能导致人员物理、化学或生物危害的严重程度和可能性，主要危害类型，可能发生的环节以及可能影响的人群范围、可能产生的社会影响等。

⑤ 组织机构及职责。成立以生产经营主体负责人为组长、相关分管负责人为副组长，相关部门负责人为成员组成产品质量安全事件应急领导小组，并明确各组织机构及人员的应急职责和工作任务。

⑥ 监测与预警。

（a）信息监测。确定本生产经营主体产品质量安全事件信息监测方法与程序，建立消费者投诉、政府监管部门、新闻媒体等渠道信息来源与分析等制度，以及信息收集、筛查、研判、预警机制，及时消除产品质量安全隐患。

（b）信息研判。根据获取的产品质量安全事件信息，开展事件信息核实，并对已核实确认的事件信息进行综合研判，确定事件的影响范围及严重程度，事件发展蔓延趋势等。

（c）信息预警。生产经营主体建立健全产品质量安全事件信息预警通报系统，建立产品质量安全事件报告制度，明确责任报告单位和人员、报告程序及要求。

⑦ 应急响应。

（a）响应分级。针对产品质量安全事件导致的危害程度、影响范围和本生产经营主体控制事态的能力，对产品质量安全事件应急响应进行分级，明确分级响应的基本原则。

（b）先期处理。生产经营主体先期派出人员到达事发地后，按照分工立即开展工作，随时报告事件处理情况，并根据需要开展抽样送检等相关工作。

（c）事件调查。

——生产经营主体组织开展事件调查，尽快查明事件原因；

——做好调查、取证工作，评估事态的严重程度及危害性；

——生产经营主体品管部门会同有关部门对事故的性质、类型进行技术鉴定，作出结论。

（d）告知及公告。需要进行忠告性通知时，生产经营主体可选择适宜的方式如电话、传真、媒体等方式发布。

（e）产品召回。实施产品召回，依据产品销售台账，及时对已召回或未销售流通的问题产品实施封存、限制销售等措施。

（f）赔偿。主动向因本生产经营主体产品质量问题导致的受伤害人员进行赔偿，避免事件影响扩大。

（g）后期处理。产品质量安全事件应急处置结束后，生产经营主体应对质量安全事件的处理情况进行总结，分析原因，提出预防措施，提请有关部门追究有关人员责任。

⑧ 保障措施。通信与信息保障、队伍保障、经费保障、物资装备保障、其他保障。

⑨ 应急预案附件。可以包括术语解释、人员联系方式、规范文本、有关协议或备忘录等。

各农业生产经营主体应根据本生产经营主体的具体情况，按照应急预案的基本编制原则，编制符合本生产经营主体的切实可行的应急预案。产品预警反应计划包含在应急预案中的，可以不必单独列出。

2. 质量安全问题产品处置

农业生产经营主体应通过以下一种或几种途径处置质量安全问题产品：

（1）返工　通过调整生产加工设备的工艺参数或条件进行处理可达到标准要求的产品，可以通过返工得到安全产品。在质量安全问题产品返工得到纠正后，应对其再次进行验证，以证实其符合质量安全要求。

（2）转作其他安全用途　通过降级或降等的方式，部分水产品可以转作饲料或其他工业原料等。

（3）销毁　含有的质量安全问题不可消除，且无法转作其他安全用途的产品，必须销毁，不可作为追溯产品销售。

3. 应急预案演练示例

×××冷冻鲷鱼片质量安全追溯应急预案演练

一、演练目的

通过本次冷冻鲷鱼片质量安全事故应急演练，检验各部门在冷冻鲷鱼片质量安全出现异常情况下应急处置工作的实际反应能力和运作效果，从而进一步完善产品质量安全应急体系，提高各小组成员处理突发事故的能力。

二、演练依据

《×××冷冻鲷鱼片质量安全事件应急预案》及国家的相关法律、法规。

三、职责

质量安全事故应急小组全面负责、各部门协助。

四、演练事件设置

2020年8月1日8时，某超市经销商反馈，消费者购买的是我公司生产的×××牌冷冻鲷鱼片，包装规格为160 g/袋，出现腹部不适现象，现已有1名消费者来超市进行退货。

五、演练流程

(一) 启动应急预案

1. 应急小组

8时10分，质量安全事故应急小组成员赵××接到通知后，立即向应急小组组长报告此事件。8时15分，应急小组组长刘××得知产品问题后，迅速召开会议进行指挥、部署，启动应急预案，追溯事故原因，并进行妥善处理。

2. 心理安抚小组

8点30分，小组成员李××、于××及时与消费者取得联系，并对消费者进行思想稳定工作，稳定消费者情绪，耐心解答消费者提出的问题，防止过激行为发生。

3. 现场处置组

8点50分，小组成员乔××、韩××到达超市展开调查，并对消费者食用的冷冻鲷鱼片进行封样留存，并到达消费者住处进行慰问。

4. 事故调查组

9时20分，小组成员王××、刘××、张××组成调查组，开始调查此次事故原因。由刘××利用问题产品的追溯码进行网络查询。

5. 后勤服务保障小组

9时40分，后勤服务保障小组开始及时对应急资金、应急车辆等进行调配，保证事故处理所需。9时50分，准备就绪。

各小组在展开各项工作的同时，及时向指挥部通报情况，为组长的决策和下达指挥命令提供各项信息支持。

(二) 网络追溯

9时40分，应急小组成员刘××通过产品追溯码查询得知，此冷冻鲷鱼片产品为2020年6月16日生产，包装规格为160 g/袋，包装方式为塑封包装，加工班组为×××加工班组，养殖基地为×××农户组。销售日期为2020年7月21日，承运人赵××，运输方式为汽运，运输车辆车牌号×××××，销售去向为山东省聊城市某超市。

随后，将该结果传送一份至调查组。调查组根据追溯结果紧急分析产品的养殖、加工过程、时间、地点、相关人员以及采集的数据。

调查组从苗种、投饲、施药、捕捞作业、加工等所有环节的电子和原始纸质记录进行比对，未发现数据错误、不一致、产品检测数据不合格等问题。

（三）实地调查

调查小组现场调查证实，消费者购买的×××牌冷冻鮰鱼片，确系本公司加工生产，追溯码为088×××××××××08，该批次产品销售于×××超市。超市购入200袋，包装规格为160 g/袋，合计32 kg。目前，已销售42袋。通过进一步查看超市冰柜存储环境及询问当时售卖人员，证实该追溯码产品在超市冰柜售卖期间冷却设备运行正常，且温度稳定在−18 ℃波动±2 ℃。调查运输车队，车辆冷冻设备运转正常。再调查排酸车间，其换热机组由于老化致使工作效率不稳定。综合分析，证明事故发生的原因系加工厂排酸间换热机组老化故障，致使温度没有达到要求，导致水产品挥发性盐基氮超过国家标准。

（四）问题处理

10点20分，调查组将调查结果报告应急领导小组。听取汇报后，应急领导小组作出如下决定：委派质量安全事故应急领导小组成员赵××与超市进行对接，对剩余的158袋产品进行下架并停止销售，并对同一追溯批次的产品进行召回，对问题产品作出销毁处理。

产品召回：通过电视台通知、超市现场悬挂条幅和超市滚动广播等方式，召回已销售的同追溯码问题产品。

（五）信息发布

配合监管部门，通过媒体发布整个事件的调查结果，避免引起恐慌。

（六）应急处置总结报告

该事故是由于排酸间换热机组老化故障，致使温度没有达到要求，导致水产品挥发性盐基氮超过国家标准。在这起事故中暴露了产品加工过程监管不到位、责任意识不强、质量安全体系不够健全、监督措施落实不到位，使产品品牌、企业形象受到影响。要求定期对排酸间换热机组进行检修，并加装温度异常报警系统，避免类似事件发生。

六、经验总结

（一）应急演练过程中存在的问题

个别部门工作效率低、部门协调性差、程序混乱等问题。

（二）建议

进一步加强领导，切实提高对应急反应工作的认识。进一步加强培训，全面提高应急反应工作水平及能力。

11 时 10 分，应急领导小组组长刘××对应急预案演练进行了点评。

11 时 15 分，整个演习结束。

附 录

NY

中华人民共和国农业行业标准

NY/T 3204—2018

农产品质量安全追溯操作规程 水产品

Code of practice for quality and safety traceability of agricultural products–Aquatic product

2018-03-15 发布 2018-06-12 实施

中华人民共和国农业部 发布

前　　言

本标准按照 GB/T 1.1—2009 给出的规则起草。

本标准由农业部农垦局提出并归口。

本标准起草单位：中国农垦经济发展中心、农业部乳品质量监督检验测试中心、中国热带农业科学院农产品加工研究所。

本标准主要起草人：韩学军、苏子鹏、张宗城、王洪亮、王春天、刘亚兵、郑维君、刘证。

农产品质量安全追溯操作规程　水产品

1　范围

本标准规定了水产品质量安全追溯术语和定义、要求、追溯码编码、追溯精度、信息采集、信息管理、追溯标识、体系运行自查和质量安全问题处置。

本标准适用于水产品质量安全追溯操作和管理。

2　规范性引用文件

下列文件对于本文件的应用是必不可少的。凡是注日期的引用文件，仅注日期的版本适用于本文件。凡是不住日期的引用文件，其最新版本（包括所有的修改单）适用于本文件。

GB/T 22213 水产养殖术语

GB/T 29658 农产品追溯要求 水产品

NY/T 755 绿色食品 渔药使用准则

NY/T 1761 农产品质量安全追溯操作规程 通则

3　术语和定义

GB/T 22213、NY/T 755 和 NY/T 1761 界定的术语和定义适用于本文件。

4　要求

4.1　追溯目标

建立追溯体系的水产品应通过追溯码查询各养殖（或捕捞）、加工、流通环节的追溯信息，实现产品可追溯。

4.2　机构和人员

建立追溯体系的水产品生产企业（组织或机构）应指定机构或人员负责追溯的组织、实施、管理，人员应经培训合格，且相对稳定。

4.3　设备和软件

建立追溯体系的水产品生产企业（组织或机构）应配备必要的计算

机、网络设备、标签打印设机、条码读写设备等，相关软件应满足追溯要求。

4.4　管理制度

建立追溯体系的水产品生产企业（组织或机构）应制定产品质量追溯工作规范、质量追溯信息系统运行及设备使用维护制度、追溯信息管理制度、产品质量控制方案等相关制度，并组织实施。

5　追溯码编码

按 NY/T 1761 的规定执行。二维码内容可由水产品生产企业（组织或机构）自定义。

6　追溯精度

6.1　总则

追溯精度宜确定为生产单元或批次。当追溯精度不能确定为生产单元或批次时，可根据具体实践确定为生产者（或生产者组）。

6.2　捕捞

以捕捞批次作为追溯精度。

6.3　养殖

6.3.1　海水养殖

6.3.1.1　港（塭）养（殖）

以捕捞批次作为追溯精度。

6.3.1.2　网围养殖、筏式养殖

以一次捕捞的网箱、浮动筏架或网箱组、浮动筏架组作为追溯精度。

6.3.1.3　近海池塘、工厂化养殖

依生产方式分为：

a）全进全出养殖方式的追溯精度宜为池塘或池塘组；

b）倒池养殖方式的追溯精度宜为池塘组，如贝类；

c）多品种混养生产的追溯精度宜为轮捕批次，如对虾、海蜇和贝类混养。

6.3.1.4 滩涂养殖

以养殖批次作为追溯精度、如文蛤等贝类。

6.3.2 半咸水养殖

以池塘或池塘组作为追溯精度，如螺旋藻。

6.3.3 淡水养殖

6.3.3.1 网围养殖

以捕捞批次或围网作为追溯精度。

6.3.3.2 池塘养殖或工厂化养殖

池塘养殖包括流动水、半流动水和净水池塘养殖。依生产方式分为：

a）全进全出养殖方式的追溯精度宜为池塘或池塘组；

b）倒池养殖方式的追溯精度宜为池塘组，如甲鱼；

c）多品种混养生产的追溯精度宜为轮捕批次，如鱼、虾、蟹混养。

6.3.3.3 湖泊或水库养殖

单品种养殖或多品种混养宜以捕捞批次或养殖户作为追溯精度。

6.3.3.4 稻田养殖

以稻田地块或地块组作为追溯精度。

6.4 加工

以加工批次为追溯精度，应尽可能保留捕捞或养殖追溯精度。

7 信息采集

7.1 信息采集点设置

宜在捕捞、养殖、加工、投入品购入、投入品使用、检验（自行检验或委托检验）、包装、销售、储运等环节设立信息采集点。

7.2　信息采集要求

7.2.1　真实、及时、规范

信息应按实际操作同时或过后即刻记录。信息应以表格形式记录，表格中不留空项，空项应填“—”；上下栏信息内容相同时不应用“··”，改填“同上”或具体内容；更改方法不用涂改，应用杠改。

7.2.2　可追溯

下一环节的信息中具有上一环节信息的唯一性对接的信息。

示例：

渔药使用表中的通用名、生产企业、产品批号/生产日期，能与渔药购入表唯一性对接。

7.3　信息采集内容

7.3.1　基本信息

基本信息应包括生产、加工、检验、投入品购入、投入品使用、储存运输、包装销售等环节信息和记录的时间、地点、责任人等责任信息，如果涉及相关环节，可按照GB/T 29658的要求执行。至少应包括如下信息内容：

a）储存运输：起止日期、温度、储运场地或车船编号等；

b）产品检验：追溯码、产品标准、检验结果等；

c）产品销售：追溯码、售货日期、售货量、运货方式、车牌号、收货人名称/代码等；

d）标签打印使用：追溯码、打印日期、打印量、使用量、销毁量、销毁方式等。

7.3.2　扩展信息

7.3.2.1　饲料购入

饲料原料来源、饲料添加剂来源、通用名、生产企业、生产许可证号、批准文号、产品批次号/生产日期、购入日期、领用人等。

7.3.2.2　饲料施用

投饲（饵）量、施用方法、施用日期/施用起止日期等。

7.3.2.3 渔药购入

通用名、生产企业、生产许可证号、批准文号/进口兽药为注册证号、产品批次号/生产日期、剂型、有效成分及含量、购入日期、领用人等。

7.3.2.4 渔药使用

通用名、生产企业、产品批次号/生产日期、稀释倍数、施用量、施用方式、使用频率和日期、休药期、不良反应等。若渔药的购入和渔药使用为同一部门或同一个人操作，则该两记录表格宜合并。

注：疫苗、消毒剂、催产剂、渔用诊断制品属于渔药，但不记录休药期。

7.3.2.5 农药购入

通用名、生产企业、生产许可证号、登记证号、产品批次号/生产日期、剂型、有效成分及含量、购入日期、领用人等。如用于水体的杀虫剂、杀菌剂或除草剂。

7.3.2.6 农药使用

通用名、生产企业、产品批次号/生产日期、稀释倍数、施用量、施用方式、使用频率和日期、安全间隔期等。若农药的购入和农药使用为同一部门或同一个人操作，则该两记录表格宜合并。

7.3.2.7 饵料、渔用环境改良及人工海水用试剂

成分及其含量、投放后浓度、配制日期、投放日期等。

7.3.2.8 养殖池及净化池水质

成分及其含量等。

7.3.2.9 食品添加剂

通用名、生产企业、生产许可证号、批准文号、产品批次号/生产日期、投放量等。

8 信息管理

8.1 信息存储

纸质记录及其他形式的记录应及时归档，并采取相应的安全措施保

存。所有信息档案在生产周期结束后应至少保存 2 年。

8.2　信息审核和录入

信息审核无误后方可录入。信息录入应专机专用、专人专用，并遵守信息安全规定。

8.3　信息查询

建立追溯体系的水产品生产企业（组织或机构）应建立或纳入相应的追溯信息公共查询技术平台，应至少包括生产者、产品、产地、批次、产品标准等内容。

9　追溯标识

按 NY/T 1761 的规定执行。

10　体系运行自查

按 NY/T 1761 的规定执行。

11　质量安全问题处置

按 NY/T 1761 的规定执行。召回产品应按相关规定处理，召回及处置应有记录。